武士道

BUSHIDO

〔日〕新渡户稻造／著
周燕宏／译

文匯出版社

图书在版编目（CIP）数据

武士道 / 〔日〕新渡户稻造著；周燕宏译. -上海：文汇出版社，2010.3

ISBN 978-7-80741-507-7

Ⅰ. 武... Ⅱ. ①新...②周... Ⅲ. ①武士道-研究②武士-研究-日本 Ⅳ. K313.03

中国版本图书馆CIP数据核字（2009）第127915号

武士道

作　　者 / 〔日〕新渡户稻造

责任编辑 / 竺振榕

装帧设计 / 灵动视线

出版发行 / 文匯出版社

上海市威海路755号

（邮政编码 200041）

经　　销 / 全国新华书店

印　　刷 / 北京燕泰美术制版印刷有限责任公司

版　　次 / 2010年3月第1版

印　　次 / 2010年3月第1次印刷

开　　本 / 710×1000　1/16

字　　数 / 107千字

印　　张 / 9.5

印　　数 / 1-15000

书　　号 / ISBN 978-7-80741-507-7

定　　价 / 20.00元

目录

第一章

作为伦理体系的武士道

武士道和日本的象征——樱花一样，也是日本本土开出的一朵花。它不是保存在我们历史标本馆中的古老美德的干枯标本，而是我们力与美的鲜活载体。即使它显现不出可触摸的形态，却仍能散发出道德气息，而我们也确实依然处于它的有效法力之下。当初产生并滋养它成长的社会形态早已消失，这就如同那些遥远的星辰，即使不存在了，我们却依旧能感觉到它向我们投射来的光芒。武士道产生于封建制度，在封建制度消失后，它依然存活，并且以它的光辉继续照亮我们的道德之路。在武士道被人遗弃的母体制度的停尸架旁，伯克曾致以著名的动人挽歌。能用伯克使用的语言[①]来讲述武士道，我感到高兴。

可悲的是，有关远东的信息现在很匮乏。这表现在即便是博学者如乔治·米勒博士，也曾毫不犹豫地断言，骑士精神，或是其他类似的制度，无论在古老国度或者现代东方，都从未存在过。[②]不过，这种偏见是可以得到我们谅解的。因为，毕竟是在这位好心博士的著作第三版面世后，佩里准将才叩

① 即英语。——译者

②《哲学地阐述历史》(第三版，1853)，第二卷，2页。——作者

穿着铠甲的武士

臼井秀三郎摄于明治时代

开了我们闭关主义的大门。再过十多年，在我们的封建制度处于生死存亡时，卡尔·马克思写出了《资本论》，提醒读者研究封建制度的社会及政治机制的优势，那时，只有日本还保留有这种制度。与此类似，我想告诉学习历史及伦理学的西方学生：要研究武士道精神，还得关注当今的日本。

骑马的武士

对比欧洲和日本的封建制度及骑士精神，并撰写成历史论文，这是件很具诱惑力的事情，但不是本书的目的。在本书中，我要讲述的是：第一，我们的武士精神的起源与成因；第二，它的特质与教义；第三，它在民众中的影响；第四，它的影响的延续性与永久性。以上几点中，第一点是简略的，否则我会将读者带进日本历史的曲折小巷中；第二点将用较多篇幅，因为国际伦理学与比较行为学专业的学生很可能对我们的思考、行为方式感兴趣；其余两点将作为结论处理。

我尝试把“武士道”这个日语词译作英语 Chivalry[①]，以更具表现力。Bu-shi-do 字面作“武士之道”解，就是从武的贵族在军事生涯及日常生活中理应遵从之道。简言之，就是“武士准则”，武士阶层“贵族理当行为高尚”。给出这个词的含义，我再使用它的原词。使用原词的可取之处还有：像这种封闭式的、独特的、产生了一种特殊思维及行为方式的、又这样富有地域性的定义，必然有其独特的外部特征。一些词语具有民族性，能体现出鲜明的种族性，使得最好的翻译也不能展示出它们全部的特质，甚至会被扣上不恰当、不合适的帽子。谁能通过翻译即能完善地表达德语中的 Gemüth 的含意？英语中的 gentleman 和法语中的 gentilhomme 是文字上紧密相连的两个词，可谁会感觉不到二者之间仍有区别呢？

① 即骑士精神。——译者

富岳三十六景之凯风快晴

葛饰北斋绘

武士道，是要求或教导武士们遵守的道德行为规范。它不是成文的典章，多是一些口耳相传的箴言，或是一些知名武士、学者留下的手迹。这些不成文的规章，却对实际行动颇具约束力，就像书写在武士们心灵中的一部法典。它不是源于某一个人头脑的创造，无论这个人多么有才华；也不是源于某一个人的生平，无论这个人多么显赫。它是在数十年、数百年中，在武士精神的发展中有机形成的。它在伦理历史上的地位，和英国宪法在政治历史上的地位相像。当然，它终究是难以与《大宪章》或《人身保护法》相比较的。17世纪早期的确颁行了《军事法》，当中包含十三条简短法令，对婚姻、城堡、联盟等做出了规制，但对道德仅仅是简单提及。

因此，我们不能对武士道给出具体的时间和地点，并说："这里就是源头。"由于武士道精神带有封建时代的烙印，在时间上，它的起源或可被认为是封建时代。但是封建时

源赖朝像

藤原隆信绘

源赖朝是平安朝末期的武将，正是他率领源氏打败了独霸朝政的平氏，并借此机会自任为征夷大将军，建立了日本历史上第一个武家政权——镰仓幕府

代本身是错综复杂的，武士道也同样具有错综复杂的性质。可以说，在英国，封建政治制度始于“诺曼底征服”，我们或许也可以说，在日本，封建制的崛起与12世纪后期源赖朝的统治大致同步。当然，正如我们可以发现英国远在威廉时期就有封建制萌芽，我们也会发现日本的封建制萌芽要早于我刚才提到的源赖朝时期。

再者，和欧洲一样，日本封建制正式建立之时，专职的武士阶层随之崭露头角。这些人被称为武士，就像古英语中的骑士，字面意思是卫兵或侍卫——性质类似于恺撒讲述的阿魁塔尼亚的死士，或者接近于塔西佗所说的跟随日耳曼首领的卫士，抑或再往后做个类比，就像人们从书上读到的欧洲中世纪的士兵。日文中也普遍采用汉字“武家”或“武士”来表示。他们是一个特权阶层，主要来自以打杀为业的一群下层人。在长期频繁的战争中，这一阶层不断汇集了最具男子气概、最富有冒险精神的人，当然对这

源、平军对阵，平军战败，纷纷坠入俱梨迦罗山谷

选自《平家物语绘卷》绘于江户时代中期

个阶层人员的筛选也一直未停，孱弱者被淘汰，就像爱默生所说的，只剩“一群拥有男性气概的、具有野性力量的、粗鲁的人”得以存续下来，进而组成武士家族与阶层。他们获得了巨大的荣誉和特权，也相应地承担着重大的责任。武士阶层总是处于交战状态又隶属于不同家族，他们需要一种普遍的行为准则——就像医生以职业道德限制同行之间的竞争，又像律师违反了职业规范就要被质询，武士们也必须有能对他们的错误行为进行最后审判的一种衡量标准、一种标准手段。

搏斗要公平！在这种野蛮、天真的原始意识中，孕育着丰富的道德理想。它难道不是所有文武之德的根本吗？我们嘲笑（好像我们已经成人，不屑于此！）英国小孩汤姆·布朗天真的愿望，“身后留下既不欺负小孩也不畏惧成人的名声”。然而，谁不会知道这愿望就是规模宏大的道德建筑赖以崛起的基石？我这么说并非言过其辞，最温和、最爱好和平的宗教也支持这个愿望。英国之所以伟大，多是因为建立在汤姆这个愿望的基础上，而我们不用多久就会发现，武士道屹立的基石也不小——无论战争是进攻性的还是防御性的，战争的实质就像贵格派教徒已证实的那样，它是野蛮的、不正当的；我们还能够和莱辛一样认为，“我们知道，我们的美德源自我们的缺点”。[①]“卑鄙”、“怯懦”对健全、单纯的人格而言是最耻辱的绰号。儿童伴随这些观念开始人生，武士也是如此。不过，随着生活的扩展，关系变得多样，早先的信念从更高的权威、更理性的渊源那里寻求认可，从而获得自我确认、自我满足和自我发展。假如只单独实行军事体制而没有更高的道德支持，那么武士的理想离武士道会有多么遥远！在欧洲，基督教被用以解释骑士制度的合理，并为骑士制度注入了精神性元素。拉马丁说：“宗教、战争和荣誉，是一个完美的基督教骑士的三大灵魂。”在日本，武士道也有几处渊源，待下文细叙。

① 拉斯金是迄今为止心地最温和、最爱好和平的人。但是，他却以一个积极人生的狂热相信战争。他在《野橄榄枝桂冠》中说：“当我告诉你，战争是一切艺术的基础，我同时也是指，战争是人们所有的崇高美德和才能的基础。我觉得这个发现非常奇怪，也非常可怕，可我认为这是不争的事实……简而言之，我发现所有伟大的国家都从战争中学到语言的真理与思想的力量；他们从战争中获取营养，在和平中荒废；被战争教育，被和平欺骗；被战争磨练，被和平背叛。一句话，他们生于战争，死于和平。”——作者

第二章
武士道的渊源

我先从佛教说起。佛教赋予人平静地听凭命运的意识——对不可避免的一切安然顺从，在危险与灾难面前坚忍克己，轻生向死。有一位杰出的剑道教师看到学生掌握了自己的所有绝技时，说："我对你的教导到此为止，往后能帮你的只有禅宗教义了。""禅"的日文含义："表示人类努力摆脱语言，借助冥想而达到的思想境地。"[①]它的方式就是冥想。在我看来，它的主旨就是确信有一种构成一切现象的根本原因，并且，如果可能，还要确信有一种绝对的"本身"存在，并使自己与这种绝对相和谐。这样的定义，表明它超出了一个教派的教义。无论是谁，达到对绝对的理解，就使得自身超越世俗事务，悟到"一番新天地"。

① 小泉八云：《异域与回顾》，84页。——作者

佛教未能赋予武士道的，日本的神道教刚好给予了充分补充。对君主如此忠诚，对祖先如此尊崇，又如此孝敬，任何其他宗教都没有教过这些，而神道教义却为武士傲慢的性格赋予了顺从。神道教没有"原罪"教义。相反，它相信人类灵魂有与生俱来的善及神性的纯洁，并把它敬视

唐招提寺卢舍那佛像　干漆造　建于8世纪后半期

为宣示神谕的圣殿密室。人们会注意到，神社毫无可供礼拜的器物。它最基本的设施、也是最引人注目之处，仅是内殿悬挂着一面普普通通的镜子。这个物件的出现很容易解释：它代表人心，当人心完全平静清澄时即显出神的形象。因此，当你站在神社前朝拜，你看到发光的镜子表面映出自己的形象，这朝拜的行为等同于古希腊的德尔斐训谕——"认识你自己"。不过，古希腊的教育也好，日本的教育也好，因它不是解剖学或心理物理学方面的，并不意味着对于人的肉身的认识，这种认识是道德类的，是我们道德本质的内省。蒙森在对比古希腊人和古罗马人时说，前者礼拜时仰望上天，因为他的祈祷是沉思；而后者则蒙住头，因为他的祈祷是凝视。我们的内省从根本上与古罗马宗教观念相同，相比个人道德，更多是对个人的民族意识的重视。对自然的崇拜使国家观念深入我们的灵魂，而对祖先的崇拜，一个世系一个世系地追溯，最后使皇室成为整个民族的共同祖先。于我们而言，国家不单单是挖掘金矿或收割稻谷的土地和土壤——它是众神即我们先祖之灵的神圣居所。于我们而言，天皇不单单是法治国家的最高警察，或文明国家的赞助人，他还是上天在人间的肉身代表，身上融合了上天的权力和仁慈。如果布特密先生[①]所言英国皇室"不仅是权威的形象，还是国家统一的创始人和象征"正确的话，我相信对日本皇室而言，这番话可以得到双倍以至三倍的肯定。

神武天皇

日本神话中，天照大神（日神）之孙奉命下凡统治凡间，神武即为天孙之曾孙。他率军东征，建立大和朝廷，被奉为第一代天皇。站在他手杖上的是在东征途中为他指路的八咫乌（即中国神话中的三足乌，它的出现代表神武东征得到日神的授意和许可，为皇权赋予了神权的权威性）

①《英国人民》，188页。——作者

神道教义包含了我们民族情感生活的两个主导特征——爱国主义及忠诚。阿瑟·梅·奈普所说千真万确："希伯来文学里，我们常常难以分清作者是在表述上帝还是国家，是在表述天堂还是耶路撒冷，是在表述弥赛亚还是这个民族本身。"[①]类似的困惑可以在我们国家对信仰的术语中注意到。我说困惑，那是因为由于语言含混不清，逻辑性强的人们会如此认为，而作为民族本能和种族情感的一种框架，神道从不伪装成系统的哲学或一种合理的神学。这种宗教——或许，称之为这种宗教所表现的种族情感更加正确——给武士道彻底灌注了忠君爱国主义。它们所起到的作用，与其说是教条，不如说是动力；因为神道不同于中世纪基督教会，它几乎不给信徒制定任何信条，却向他们提供直接简单的行为准则。

至于严格的道德方面的教义，儒家孔子的教导是武士道最为丰富的渊源。他所阐释的主仆（君臣）、父子、夫妇、长幼及朋友之间的五伦关系，进一步证实了在他的论著从中

① 《封建的和现代的日本》，第一卷，183页。——作者

平氏全家跪迎坐牛车而来的天皇　选自《平家物语绘卷》

孔子像

曾我萧白绘

国传入之前，我们民族已经本能认可的这些伦理。他的政治伦理，主张平静、宽厚、处世智慧，非常适用于构成统治阶级的武士。孔子贵族式的、保守的格调非常适合这些武士政治家的要求。孔子之后，孟子对武士道施加了权威性影响。他的既强有力又富民主色彩的理论吸引了那些有同情心的人。孟子的理论在当时被认为对现存社会秩序是有危险的、具有颠覆性的，因而他的著作曾长时期受禁。虽然如此，这位大师的言论还是在武士们心中扎下了根。

孔孟的论著成为青年的主要教科书、老者讨论的至高权威。然而，仅熟悉这两位圣贤的经典还是不会受到崇高尊敬的。有句谚语讥讽一个只懂孔子理论的人是“一个读《论语》却不知《论语》的人”。一位典型的武士把一个文学的博学之士称做书虫。另一位则把学识比做散发着臭味的蔬菜，在适合食用之前必须一遍一遍地煮。一个几乎不读书的人有点迂腐，一个读书多的人会更迂腐，两者都令人不快。其实作者的意思是，只有当知识被吸收进学习者的头脑并在他性格里显现出来，才是真正的知识。一个知识方面的专家被看做是一台机器。知识本身被视为从属于道德情感，人类和宇宙被认为有相同的精神性和道德性。武士道不能接受赫胥黎的看法，赫胥黎认为宇宙变化过程是没有道德因素的。

武士道所理解的知识是这样的，它本身不是作为最终目的，而是作为获得智慧的手段。因此，没有达到目的的人不过是被看做只会背出诗歌警句的便利机器，知识的价值体现在生活中的实际应用上，这种苏格拉底式的教导在中国哲学家王阳明身上最为典型。王阳明毫不厌烦地重复着，要“知行合一”。

在这个话题上，请允许我暂时偏离主题，因为有一些最高尚的武士深受这位先贤教诲的影响。西方读者很容易在王阳明的著作里辨认出多处与《新约》的相似之处。要是允许各自运用专门用语，像这段“你们要先求他的国和他的义，这些东西都要加给你们”，它所表达的思想几乎可以在王阳明著作的任何一页中找到。他的一位日本弟子①说：“天地万物之主，寓于人心乃为智；故智有生机，光芒长在。”又说：“本体之灵光纯洁，不因人意而变。油然生发心智，揭示善恶——谓之良知，乃天神所降光明也。”这些话语听上去和艾萨克·潘宁顿或其他哲学神秘主义者的一些文章何其相似！我认为，神道教以简洁教义所表达出的日本人的思想方式，对接受阳明学说尤其开放。他将自己天理即良知的学说发挥到极端先验主义，认为良知不仅具有感知善恶的能力，还具有感知心理事实与物理现象的特性的能力。在唯心主义方面，他也和伯克利及费希特一样，否认人心之外一切事物的存在，甚至比他们走得更远。即使他的理论体系有唯我论而产生的一切逻辑错误，它仍具有一切坚定信仰所具备的作用，而且它在发展独立性格及沉静态度等方面的重要性不容置疑。

王阳明像

① 三轮执斋。
——作者

如此看来，无论对于何种渊源，武士道从中吸取并融入自身的基本原则都少而简。尽管它们少而简，可即便在我们民族历史上最动荡危险的时期，它们也足以提供安全的处世之道。我们的武士祖先，天性健全纯朴，他们从古代思想的大道及曲径中，捡拾出一束由平凡、断碎的教导组成的谷穗，由此引生出丰富的精神食粮，并在时代要求的激发下，从中创造出一种崭新而类型独特的男子汉气概。敏锐的法国学者德·拉·马泽里埃尔先生这样总结他对16世纪日本的印象：“16世纪中期以后，政府、社会、寺庙，日本的一切都是混乱的。由于内战，人们的行为又回复到野蛮人时代，每个人都认为自己是公正的化身——这些形成了能与16世纪那些意大利人相比的日本男子。泰纳赞美那些16世纪意大利人身上具有‘强大的独创力，一旦下定决心就不顾一切去实践承受的巨大能力’。与意大利一样，在日本，‘中世纪的粗鲁方式’使人成为一种超级动物，‘完全是好斗的，完全是反抗的’。这就是为什么16世纪最

战场

歌川国芳绘

足立尊氏迫后醍醐天皇退位，奉光严天皇为尊，建立室町幕府，是为北朝；后醍醐天皇拥神器南逃，于吉良建立南朝，此即日本史上的“南北朝”时期。南北对峙50多年后，南朝最终降服，室町第三代将军足利义满统一日本。图为南北对战中的南朝军队，最右为南朝大将楠木正成次子楠木正之（又名正时），他与兄长正行一起为南朝天皇拼死血战

大程度地展示出日本民族的主要品质——禀性与精神上的极大多样性。在印度乃至中国，男子的差异看起来主要是精力或智力程度的不同，可在日本，还有性格原创力的不同。现在，个性是优秀民族的标志，也是发达文明的标志。如果我们使用尼采的话语来表达，也许可以说，谈及亚洲的人，我们首先会想到那里的平原，而谈及日本人时——却如同谈及欧洲人，首先会想到那里的山峰。”

至于德·拉·马泽里埃尔先生所说的人们普遍存在的一般性格特点，就让我来向大家讲述吧。我将从“正直”开始。

第三章
正直或公正

在此我们要弄清楚的是武士行为规范里最令人信服的准则。对武士来说，没有什么比秘密交易和奸诈行事更令人憎恶了。用“正直”这个概念也许是错误的——它也许狭隘了。一位著名武士将其定义为下决心的能力：“正直是在某项行动中毫不犹豫地做出决定的能力，该赴死时就赴死，该攻击时就攻击。”另一位武士作了如下谈论：“正直就是赋予人坚定品格和伟岸身形的骨骼。没有正直，正如同没有骨骼，头不能立于脊柱顶端，手不能动，脚不能站，因此，仅有才能与学识尚不能使人成为武士。有了正直，即使无所成就也没什么。”孟子说：“仁，人心也；义（或正直），人路也。”他感叹道：“舍其路而弗由，放其心而不知求，哀哉！人有鸡犬放，则知求之；有放心而不知求。”难道我们不能从中——仿佛在一面深暗的镜子里——隐约看出 300 年后一位伟大导师在另一个地方所讲的寓言？他称自己的路为“义路”，通过他，迷路人能够找到归路。我是离题了。按照孟子的观点，义是人要重新获得所失乐园所必行的笔直而狭窄的道路。

即便是在封建制末期，长久的和平给武士阶级带来闲适的生活，随之产生各种形式的挥霍与各种成就的文艺，义士（一个正直的人）

诚忠义士传之行川三平宗则

歌川国芳绘

这个词也依然被认为高于任何表明掌握学识或艺术的称谓。四十七位忠臣在我们的大众教育中是如此重要，用民间说法，他们就是四十七义士。

在将狡诈虚伪当做军事技巧、将彻底的谎言当做战争谋略的时代，坦率诚实，这一男子汉美德是熠熠生辉的宝石，受到最高颂扬。正直是另一种武德——勇猛的孪生兄弟。不过，在谈论勇猛之前，让我多花点时间说说义的一个派生词——起初它只是稍稍偏离词源，然后渐渐远离，直到在大众接受的过程中它的意义被改变——我说的是“义理”，

因反抗平清盛的跋扈统治而被流放的俊宽

字面意思是“正确的道理”，而随着时间改变，它的意思是公众舆论期待任职者应完成的一种笼统的责任。它原本、纯粹的意义就是单纯、简明的职责。以后，我们谈论义理，指的就是我们对双亲、对上级、对下属乃至对社会等所负的责任。所谓义理，就是职责；除了“正确的道理”要求并命令我们去做的，还会有什么是职责？难道“正确的道理”不应该成为我们的绝对命令吗？

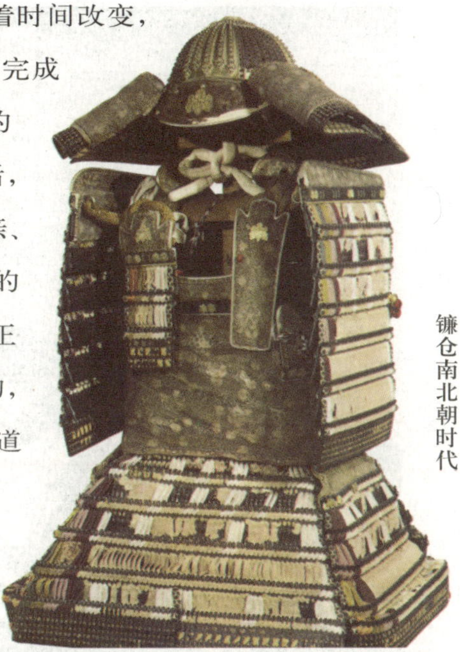

白色缀绳大铠甲
镰仓南北朝时代

义理的根本意思莫过于职责。或许我可以说，它的词源来自这样一个事实：我们的行为规范中，比如对父母尽的孝，尽管爱应该是唯一的动机，但如果没有爱，就必须另有一些权威来施孝行；于是可以用“义理”制定这一权威。人们制定义理这个权威很正当，因为如果爱不能很快产生德行，那就必须有诉诸个人智力的素质并且必须激发他的理智、说服他相信正确行事的必要性。其他道德义务也是同样道理。一旦“职责”遇到障碍，“正确的道理”就会介入，以防我们逃避责任。从这个意义而言，义理是一位严格的任务监督者，手执桦条（准备鞭笞惩罚），驱使懒惰者尽职。它处于道德的第二级力量。作为一种动机，它永远都次于基督教的爱的教义——爱应该是“律法”。我认为义理是人为社会条件下的产物——在人为的社会里，出生的偶然及不当的偏袒构成了阶级差异，家庭成为社会单位，年长的人比有才的人更优越，而自然的情感必须屈

诚忠义士肖像
歌川国芳绘

从于专断的习俗。正因为这种人为性，义理渐渐退化为一种含糊的优先权，随时被招来解释这个、批准那个。正如，为什么母亲必要时为救长子而必须牺牲其他孩子，抑或为什么女儿必须出卖自己的贞操以获取资金供其父挥霍或还债，诸如此类。在我看来，义理从“正确的道理”出发，最终却经常堕落为诡辩，甚至堕落到怯懦地害怕声讨。我引用司各特所写的爱国主义来说明义理，“正因它是最美的情感，所以它经常是最可疑的，成为其他感情的假面具”。用过了头或达不到“正确的道理”，义理会变成可怕的错误名词，它的羽翼庇护了各类诡辩与虚伪。倘若武士道没有对勇气的敏锐而正确的认识，没有无畏坚忍的精神，义理会轻而易举地变成滋生懦弱的温床。

第四章

勇气，无畏坚忍的精神

勇气几乎不能算是美德，除非它用在正义行为中。孔子，如他一贯所为，在《论语》里通过反义解释来给勇气下定义。他说："见义不为，无勇也。"将这句隽语正面阐述，就变成"做正义的事是有勇气"。冒各种危险、舍身赴险、冲向生死关头，这些常被视为勇猛，并且，此类鲁莽行为——被莎士比亚称做"愚蠢无用之勇"——在行伍职业里得到不恰当的赞扬。不过，在武士道却并非如此。为不值得死的事而死被看做"犬死"。水户的一位王子说："冲入酣战的疆场被杀，很容易，低微的村夫也能做到。"他继续说："但是，真正的勇气是当生时生，当死时死。"柏拉图将勇气定义为"关于人应该畏惧及不应畏惧的事物的知识"，我们这位王子可不曾听说过柏拉图的名字。西方关于道德勇气和身体勇气之间的区分，我们在很久以前就认识到了。哪个武士在少年时代没有听说过"大勇"和"匹夫之勇"的区别呢？

勇猛、坚毅、勇敢、无畏、勇气，这些灵魂特质最容易吸引年轻人，能经过锻炼及示范而得以训练，并成为最受欢迎的美德，年轻人很早就会效仿。男孩尚未离开母亲的怀抱时就一遍遍地听战争

奋勇争先，意图争取头功的武士

选自《一谷·宇治桥交战图屏风》，绘于江户时代

英雄的故事。如果小家伙因为疼痛而哭，母亲会这样责备他："胆小鬼才为这一点点疼哭呢！战场上你的手臂被砍掉怎么办？要求你切腹自杀怎么办？"我们都知道，戏剧中那个极度饥饿的小男孩——仙台王子惹人爱怜的坚毅，在剧中他对侍童说："你看那些巢中的小麻雀，它们黄黄的嘴张得多大。现在你看！它们的妈妈过来给它们喂虫儿了。小麻雀吃得多欢啊！可是作为武士，当他饿肚子的时候感到饥饿是羞耻的。"有关坚忍和勇敢的轶事大量存在于幼儿故事中，尽管这类故事绝不是早期灌注勇敢无畏精神的唯一方式。有时父母以近乎残酷的严厉叫孩子去完成需要用上他们全部勇气的任务，他们的说法是，"熊将幼崽投入峡谷"。武士的儿子被投进艰苦的深谷，被激励去完成西绪弗斯的任务。间或不给食物或是暴露在严寒中，被看做是对孩子忍耐力的非常有效的锻炼。幼小的孩子就被派去给陌生人送信儿，日出前就被叫醒起床，早餐前冒着冬季的寒冷赤脚走到老师家里参加晨读；他们时常——每月一到两次，比如在司学之神的节日——集合成小组，轮流朗读度

过整晚。到各种怪异的地方去“朝圣”，如刑场、墓地、出名的鬼屋，都是少年的业余爱好。在过去公开斩首死囚的时候，小男孩不但被送去亲眼目睹那可怕的场景，而且被要求在夜晚漆黑中只身到刑场那颗首级上留下他们造访的印记。

这种极端斯巴达式“训练勇气”的方法会令现代教育家感到震惊、疑惑，怀疑这种种方式是不是残忍，是不是将内心的柔情扼杀于花蕾形成之中？下面让我们看看武士道关于勇猛观念的其他表现吧。

勇猛的精神实质是由冷静——内心的镇定自若得到证明的。平静是憩息中的勇气。勇敢的行为是一种动态表现，平静是勇猛的静态表现。真正勇敢的人永远是安详的，他从不感到惊愕，没有什么能扰乱他精神的平和。战斗激烈时他保持冷静，危难之中他保持内心平静。地震无法动摇他，对于暴风雨他付之一笑。我们崇敬他，因为他是真正伟大的。面对危险或死亡关头能泰然自若，比如，大难逼近时能够吟诗，或是死亡面前哼唱一曲，笔端、声音丝毫没有颤抖，这种投入

平知盛（平家大将，在坛浦海战失利后追随年幼的天皇跳海自尽）

歌川国芳绘

被视做博大品质的绝对表现——我们称为“有容”，内心远非紧张或壅塞，总有容纳更多东西的空间。

下面这个故事作为可靠的史实在我们之中流传。东京城的伟大创建者太田道灌被刺客用矛刺穿。刺客了解他偏好诗歌，在行刺的同时吟出诗的上句：

啊！奈何这样的时刻，
我们的心嫉妒生命之光；

胁侧的致命伤丝毫没有损伤太田道灌的才智，奄奄一

太田道灌

息的他随即应对道：

> 时光若非平静，
> 学得轻松看待生命。

勇气甚至含有娱乐的因素。普通人看来天大的事，在勇者看来也许只是一个小游戏。因此，在古代战争中，交战双方互致辞令或是进行和歌比赛，一点儿都不稀奇。战役，不仅是暴力相搏，也是知识的较量。

11 世纪末衣川两岸的战斗就具有这种特色。东部军队溃败，指挥官贞任逃跑。追赶他的将军义家紧追不放，并高声喊道："以背向敌是战士的耻辱。"贞任勒住马，得胜的将军义家见此即兴吟诗：

> 战袍经线缕缕飘，

话音未落，战败的指挥官贞任不慌不忙对出下句：

> 缘因岁月茫茫过。

义家顿时松开弯弓，转身而去，放走他的手下败将。当有人问起他为何这样做时，义家回答说，不忍心羞辱一位被紧追不舍仍镇静自若的敌人。

布鲁图死时，安东尼和屋大维不胜悲哀。那是英雄惺惺相惜的表现。谦信跟信玄之间的战争打了 14 年，当谦信得知对手信玄的死讯时，为失去了"最好的敌人"而号啕大哭。正是谦信对待信玄的态度，在后人心中树起他本人永久而崇高的形象。信玄的领地位于远离大海的

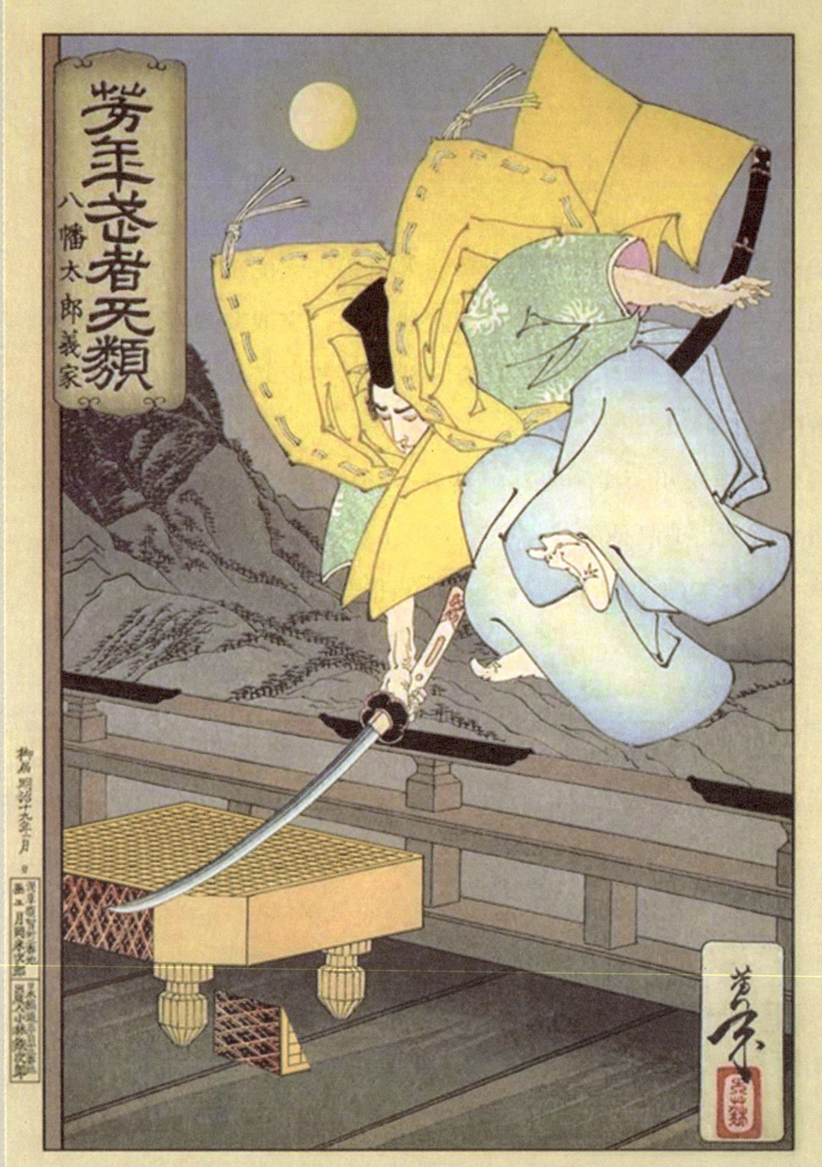

源义家

月冈芳年绘

源义家是平安朝末年著名武将，其英勇善战当世闻名，被称为“八幡太郎”（八幡是神道教中的战神，八幡太郎即为战神之子的意思）。他的征战奠定了源氏兴盛的基础，其言行处世也被认为是武士道的典范

山区，所以要依靠东海道的北条氏供盐。北条氏虽然没有跟信玄开战，却希望切断这种重要物品的所有运输线路，以削弱信玄。谦信能够从自己领地沿海取盐，在他得知对手的为难处境后，致信给信玄，认为北条氏的做法很卑鄙。尽管他（谦信）和他（信玄）交战，他还是下令自己的臣民给敌方大量供盐。谦信还说："我不是用盐打仗，而是用剑。"比起卡米勒斯所说的"我们罗马人不是用黄金打仗，而是用铁"，意味更深。尼采说过："你以你的敌人自豪，那么敌人的成功也就是你的成功。"这道出了武士的心声。诚然，勇猛和荣誉都要求我们对待敌人就像对待和平交往的朋友一样，当勇气达到这样的境界，就接近于孟子所言的"仁"了。

武田、上杉川中岛大合战图

歌川国芳绘

第五章

仁慈，恻隐之心

英雄六家撰之信房
歌川国芳绘

爱、宽宏、仁爱、同情和怜悯，一直被视为至高美德，被标榜为人类灵魂所具有的最优特质。它还在两方面被认为是王者之德：王者应具有高贵精神的多种特质，这些特质可成就王者大业。我们本不必借莎士比亚的诗来表达——但是，也许和其他国家一样，我们也需要他来用语言表达——仁慈比王冠更适合君主，仁慈的统治高于权杖的力量。孔子和孟子多次重复，治人者的最高要求在于“仁”。孔子说：“君子先慎乎德，有德此有人，有人此有土，有土此有财，有财此有用。德者本也，财者末也。”又说：“未有上好仁而下不好义者也。”孟子紧随其后，说：“不仁而得国者，有之矣；

不仁而得天下者，未之有也。”还说：“天下不心服而王者，未之有也。”孔子、孟子都将王者的必要条件定义为“仁者，人也”。

封建制政府很容易向军国主义堕落，这种情形之下，我们应该感谢仁慈，是它把我们从最恶劣的专制主义中解救出来。被统治者要完全奉献出自己的灵魂和肉体，而统治者除了放纵自己的意志就再没别的了，这自然就是独裁发展的结果。独裁常被称做“东方专制主义”，好像西方历史上没出过专制者似的！

我决不是要维护任何形式的专制制度，但把封建制简单等同于专制制度是错误的。当腓特烈大帝写下“国王是国家的第一公仆”时，法学家有充分理由认为，自由发展的一个新时期到来了。令人惊讶的是，恰在同一时间，在日本西北部的偏远地区米泽，鹰山发布了一模一样的宣言，表明封建制并非只是暴政和压迫。封建君主虽然不会与家臣负有相互义务，却能感到对祖先与上天有更高的责任。他是子民之父，上天委他照顾子民。古代中国的《诗经》上说：“殷之未丧

洛中洛外图卷（部分）
住吉具庆绘

师,克配上帝。”而孔子在《大学》中教导说:“民之所好好之,民之所恶恶之,此之谓民之父母。”这样,公众舆论和君主意志或者民主和专制就合而为一了。也正是如此,武士道接受并确认父权政府(从某种程度而言,与通常赋予这个词的含义不同),父权也是指与稍欠熟悉的叔伯政府(山姆大叔的政府就是!)相对。专制政府与父权政府的区别在于,前者中,人民勉强服从政府;而后者中,人民也服从政府,并且怀着“那自豪的服从、那自尊的顺从、那内心的从属,内心即使处于劳役也令高贵自由的精神保持生命力”。[①]古代称英格兰国王是“魔鬼之王”,因为他的臣民经常起义、废黜君王,说法国国王是“驴子之王”,因为他的国家有无休无止的课税和禁令,然而,人们也把“人之王”送给西班牙君主,因为臣民乐于服从他。这就足矣!这些说法并非全错。

美德与绝对权力在盎格鲁－撒克逊人的印象里,或许是不可调和的两个名词。俄国政治家波别多诺斯采夫为我们清楚地阐述了英国与欧洲其他国家社会基础的差异,即后者是基于共同利益组织起来的,而前者具有显著的高度发展的独立人格。这位俄国政治家还说,在欧洲大陆国家,尤其是斯拉夫民族,依靠某些社会联盟——归根结底是依靠国家来塑造人的性格。这话对日本人而言,加倍正确。因此,我们非但不像欧洲那样不堪君主滥用权力的重压,还得到了君主对我们所给予的父亲般的关注。俾斯麦说:“专制主义首先要求统治者公正、诚实、恪职、有活力以及内心谦逊。”如果允许我就这个话题再进行阐述,我会引用德国皇帝在科布伦茨的一句话,他说:“王权是上帝的恩赐,国王对造物主负有神圣的职责和艰巨的责任,任何人、任

① 伯克:《法国革命》。——作者

富岳三十六景之东都骏台

葛饰北斋绘

何大臣、任何国会都不能使君主从中解脱出来。”

我们知道，仁慈是一种像母亲一般温和的美德。如果以耿直的诚实和严厉的正义以喻男性，那么，仁慈就具有女性的温柔与说服力。我们不应耽于不加区别的宽容，应为仁慈加入正义和诚实的因素。在常被引用的格言中，伊达政宗说得好：“过分正直则僵，无度之仁则懦。”

伊达政宗骑马像

所幸仁慈是美丽并且常见的，因为“至刚则至柔，爱即勇”的道理，众所周知。武士的柔情，堪称是能即时唤醒我们身上一切高尚美德的声音。不是因为武士的仁慈与其他人的仁慈种类不同，而是因为它意味着这种仁慈并非盲目冲动，且需适当考虑公正。这种仁慈并不仅仅是某种心念，而是伴以拯救或杀戮权力的。经济学家可以“有效”或“无效”论及需求，我们同样可以让武士的仁慈成为“有效”，因为它意味着仁慈的承受者的利益，会危及武士自由行动的权利。

武士既为蛮力以及充分利用蛮力的特权自豪，也完全同意孟子所倡导的“仁”。孟子说：“仁之胜不仁也，犹水胜火。今之为仁者，犹以一杯水救一车薪之火也。”他还说“恻隐之心，仁之端也”，因而仁者从来都想着那些受苦受难、绝望之人。亚当·斯密把他的伦理哲学建于同情心的基础上，孟子先于他，早就这样认为了。

不同国家的骑士荣誉准则是如此的一致，确实不同寻常；换言之，被滥用的东方道德观念，在欧洲最高尚的文学中也能发现与之对应的格言。如果把下面这句著名的诗句送给一位日本绅士：

> 这是你的艺术——以法为桂冠，建立和平之道，败者安之，骄者挫之。

熊谷直实追上了平敦盛

故事中的少年即是平清盛的侄子平敦盛。在一之谷战役中，年仅16岁的他被源氏武将熊谷直实追上，并慷慨赴死；熊谷直实也因此心生感慨，随即出家为僧（实际上他是在此战7年后，因领地纷争才愤然出家。将他的出家与敦盛之死联系起来，是同情敦盛年少殒命的后人的附会）

这位绅士也许会立即指责写出这句格言的曼图亚诗人剽窃了日本文学。以此诗句颂扬对弱者、被践踏者、被征服者的仁慈，这对武士来说，再合适不过了。

爱好日本艺术的人肯定熟悉那幅描绘了和尚倒骑牛的画。那位和尚曾经是武士，当他是一名武士时，他的名字就是恐怖的代名词。在我们的历史上，一之谷恶战是最具决定性的战役之一。在那场战役中，他追上敌人，在一对一的格斗中以双臂擒住对方。按照当时战争的规则，败者如证明位阶比胜者高或能力与胜者相当，可以不必流血。脸色严峻的武士想知道手下败将的名字，可对方拒绝透露。武士把败将的头盔无情地挑开，看到了一张没有胡须、俊秀的少年脸庞，武士大吃一惊，松开了对方，并把年轻人扶站起来，以父亲般的口吻让小伙子走。他说："走吧，孩子，回到你母亲身旁！熊谷的刀决不能沾上哪怕一滴你的血。在敌人来临之前快快逃离过关吧！"少年却拒绝逃走，并请求名叫熊谷的武士为了双方的荣誉当场杀死他。武士冰冷的刀刃在久经沙场的花白的头上闪着光，之前他曾多次斩断敌人的生命之弦，而此时他坚强的心却颤抖了，脑海闪现出自己儿子的形象——因为就在同一天，他的儿子也随号角前进，并且是

熊谷直实勇战图

葛饰北斋绘

平敦盛向来以风雅闻名，他正在吹奏名为“小枝”的名笛

初上战场。武士结实的手在颤抖，他再次命令对方逃命。当看到自己的恳求落空，又听见自己战友们的脚步正在逼近，他长叹说：“你若被俘，不免落入卑鄙者之手。无量上天，请接受他的灵魂吧！”瞬间刀光闪过，当刀挥落时，它已被青年的鲜血染红。战争结束，战士们凯旋了，而他却放弃荣誉和名望，并宣布结束军事生涯出家，剃度后穿上僧袍，将余生献给虔诚的朝圣，他从不背朝西方——那里既是降临救赎之神的极乐圣地，也是每天的太阳助他安息的方位。

读者也许会指出这个故事具有诡辩性的缺陷。批评就批评吧，不管怎样，这则故事表明，温柔、怜悯和仁爱是装扮武士残暴业绩的特质。武士们传诵着古老的格言：“捕鸟者不该杀害躲入怀中的小鸟儿。”这在很大程度上也说明具有基督教救赎性质的“红十字会运动”何以能在我们这里轻易扎根。在我们听到《日内瓦公约》之前的几十年中，我们伟大的小说家马琴已告诉我们如何为负伤的敌人疗伤。

萨摩藩是以尚武精神与教育著称的。那里盛行着青年人学习音乐的风气，学习的不是激发人们效仿猛虎行径的音乐，不是号角高鸣或战鼓齐擂——“鲜血与死亡的喧嚣前奏”，而是舒缓人们的愤怒之情、将人们的思绪带出血雨腥风的厮杀的曲调——忧伤、柔和的琵琶[1]曲。波里比阿告诉我们，阿卡迪亚的宪法要求所有30岁以下的年轻人习乐，目的是借着柔和的艺术缓和这片严寒地区带给人们的艰苦。阿卡迪亚山区看不见残酷行为，他将这归功于音乐的影响。

在武士阶级中灌输文雅习气的，不仅仅是萨摩藩这个

① 一种类似吉他的乐器。——作者

平忠盛在殿上起舞

选自《平家物语绘卷》

地方。白河乐翁的随笔记下了他的所思所感，其中有一段说：“花香、远方钟声、霜夜虫鸣，它们在夜幕无声的注视下，偷偷靠近你枕边，莫驱赶，并且珍爱它们吧。”又及：“吹散花儿的轻风、遮蔽月亮的云朵、竭力找茬儿的人，尽管他们或许伤害了你的感情，可对这三者，你唯有宽宥。”

武士阶层鼓励作诗，表面看是为表达某些事物，实则是为促进温文尔雅的情感修养。因此，我们的诗歌潜藏着一股伤感和柔美的暗流。一位乡野武士的轶事证明了这一点：有人教他学习诗词格律，习作第一篇，定题为“莺啼”。这使他暴跳如雷，他把这篇无聊的习作扔到老师脚下：

四季花鸟图（部分）
狩野元信绘

勇敢的武士背过耳朵，
不听黄莺的啼叫。

他的老师并未在意武士的粗野宣泄，他继续教导年轻气盛的学生，直到有一天，武士灵魂深处的音乐被唤醒，应和着黄莺[①]的甜美歌声，他写道：

身着铠甲的武士伫立着，
谛听美妙莺啼穿过林间。

我们仰慕并欣赏克尔纳短暂一生中的英雄业绩。当负伤倒在战场上时，他匆匆写就了著名的诗篇《告别生命》。类似事迹在我们的战争史上绝非罕见。简明、隽语式的诗体，尤其适合即兴表达某种特定的情感。其实无论受过何种教育，每个人都是诗人，至少是蹩脚诗人。经常会见到行进中的战士突然停步，从腰间取出文具写诗一篇——之后当人们从了无生命的战士身上脱下头盔或胸甲时，就会发现这些诗稿。

在战争的恐怖中唤起人们的怜悯、同情之心，在欧洲由基督教为之，在日本则是由武士对音乐和文学的爱好来完成的。温文尔雅的感情有助于对他人苦难的体认，而尊重他人的感情，由此产生出谦逊和殷勤，正是礼的根源。

① 黄莺，有时被称做日本的夜莺。——作者

第六章

礼

每个外国游客都会注意到，举止彬彬有礼是日本人的一个显著特征。礼貌应该是对他人情感报以同情关注的外在体现，如果仅仅是害怕待人不礼貌会有悖自己的良好品位，那么礼貌充其量是个有名无实的美德。礼貌还意味着对人对事予以恰当的尊重，意味着对其社会地位的相应尊重——因为社会地位的差异不仅是财势的差异，更是实际业绩的差异。

礼的最高形式几乎近似于爱。我们或许可以虔诚地说，礼“是长久承受，是仁慈；礼不妒嫉，不自夸，不自负；礼不自行非礼，不谋己私，不轻易发作，不思恶”。迪恩教授谈到人性六要素时，特别提高了礼的地位，将它视为社交最成熟的果实，这令人惊奇吗？

不过，即便人们如此赞颂礼，我仍不会将它排在美德的首位。因为我们分析一下，会发现礼是和其他更高地位的美德相互关联的。何种美德是孤立存在的？然而——或者应该是因为——礼被颂扬为是特别适合武士生涯的，并且它还被人为抬高得超过它应有的高度，这难免会出现借礼之名而行非礼之实。孔子曾反复教导，声音并非音乐，虚礼并非礼仪。

当礼仪的地位被提升到必要的社交条件的高度时，理应规范并通行一套详尽的礼仪体系，以培养青年人正确的社交行为，如，该如何鞠躬行礼与人搭话，该如何走路、落座，都应用心学习。餐桌上的行为举止变成了一门学问，奉茶和饮茶也被提升为仪式。有教养的人理所当然应精通这些，有些人还会有本充满趣味的书①，在那本书中，维布伦先生非常贴切地把礼仪称为“有闲阶级生活的产物和代表”。

① 指《有闲阶级论》，纽约，1899年，46页。——作者

我听过欧洲人对我们繁缛礼节所讲的那些轻蔑言论。他们指责它过多地消耗了我们的心思，因而严格遵守服从礼法是愚蠢行为。我承认，也许日本人在客套礼节上的细枝末节没有必要，但是，这是否和西方人所信守着的那种不断变化的时尚一样愚蠢——这个问题我想得还不很透彻。我并不认为时尚只意味着虚荣；相反，我把这些看成是人们内心对美

小说家曲亭马琴与来访的僧人座谈

从中可见室内简洁的设置和精细的茶具

优雅、风流的贵族生活是礼仪的典范　选自小野家本《伊势物语绘卷》，绘于室町时代中期

的无止境的追求。而我也不认为繁缛的礼仪完全是没有必要的，因为它也是长期社会实践的结果，是取得某种最佳社会效果的恰当方法。如果要完成什么任务，必然有完成它的最佳方法，而这最佳方法应该既是最经济的，又是最优雅的。斯宾塞先生将优雅定义为最经济的动作方式。日本茶道的仪式展现了使用茶碗、茶匙、茶巾等的特定方式。在初学者看来它是枯燥繁缛的。不过，人们很快就会发现，这套规定好的方式也是最节省时间和体力的；换言之，是对力的最经济的使用——按斯宾塞的名言，也是最优雅的。

社交举止得体的内涵——或者借用“衣着的哲学”中的词汇，我可以说，礼节仪式只是精神制约的外衣，这与它的外表令我们相信的程度完全不对等。我也许该效仿斯宾塞先生，追溯礼法的起源以及使其形成的道德动机，但那不是本书的任务。在此，我要强调的是严格遵循礼仪过程中所涉及的道德训练。

藤原保昌月下弄笛图

月冈芳年绘

藤原保昌的优雅、镇定以及优美的笛音，使得本欲加害于他的匪徒最终放下了屠刀。礼仪所带来的优雅自有其强大的精神力量

礼仪已详尽到细枝末节，以致产生了倡导不同礼仪体系的不同派别。不过，他们在最终的本质上是统一的，最著名的礼仪流派的伟大倡导者小笠原曾说："一切礼仪的终极为涵养内心，当你端坐时，即使最凶狠的暴徒也不敢攻击你的人身。"换句话说，通过不断练习正确的礼仪，使身体的所有部位与机能秩序井然，并且使身体与环境达到和谐，乃至实现精神对肉体的主导。法语单词 biens é ance——端坐[①]包含了多么新鲜、深刻的含义啊！

① 词源意义为"端坐"。——作者

如果优雅同时真的意味着省力，那么作为它的逻辑结果就是——不断练习优雅举止必然带来力量的保存和储备。因此，优美的举止意味着休憩中蕴含着力量。当野蛮的高卢人洗劫古罗马时，他们涌进正在开会的元老院，竟把年高德劭的元老们的胡须拔掉——我们觉得这些元老当受指责，他们缺少礼仪的尊严和力量。崇高的精神境界真能通过礼仪达到吗？为什么不能？——条条大路通罗马！

我以茶道为例说明，最简单的事如何成为一种艺术并

部分日本茶道的茶具

（上）茶杓 从茶罐中取茶的用具。这是出自17世纪著名茶师小崛远洲之手的茶杓

（下左）枣 装薄茶（泡得淡的茶）用的茶罐（装浓茶的茶罐称为茶入）

（下中）茶碗 这是一个带有鱼鳞和波浪图案的陶瓷茶碗，集中体现了宏伟富丽的大名风格

（下右）茶筅 即竹制的搅拌器，将粗泡的很稠的茶搅成有泡沫的香茗

简洁素雅的茶室装饰，能让身在其中的人感受到宁静之风

进而成为文化。喝茶也是艺术。为什么不能是艺术呢？孩子在沙上画画，或者岩石上原始的雕刻，有可能就是一个未来的拉斐尔或米开朗琪罗。饮茶始于印度教隐士的超验冥想，能为宗教与道德服务，意义岂不深远？茶道之要义为内心平静、态度安详、举止泰定，这些无疑是正确思想和正确情感的首要条件。斗室一尘不染，隔绝了喧嚣人境，本身就引导人的思想脱离尘世。室内毫无装饰，不像西方客厅里不可胜数的绘画与摆设令人分神，挂轴将我们的注意力更多引向构图的优雅而非色彩的美艳。追求的目标是至高的品位，任何虚饰都被视为有损真理而被撤销。茶道是一位冥想的隐士在战乱以及有关战争的传言鼎盛时发明的，这一事实似也表明这种礼仪不只是消遣。在进入茶室

安静的氛围前，聚在一起的武士要将他们的刀搁置一旁，随之搁开的还有惨烈战场、政治忧患，于室内寻求的是和平与友谊。

茶道不只是一种仪式，它还是艺术，是诗，以一招一式的动作为韵律，它是陶冶心灵的好方法——这正是它最大的价值。当然，茶道的许多特点能影响饮茶人的思想，这证明它的本质具有精神性质。

礼赋予举止以优雅，这已好处多多，但它的社会功能远不止于此。因为礼仪源于仁慈和谦逊的动机，并受对待他人的温柔情感所驱动，永远都表现出优美的同情心。它要求我们，当与哭泣者同哭，与喜悦者同喜。这种说教式的要求被分解为日常生活的细小琐事时，就表现在那些几乎不为人注意的细微行为中，抑或即使被人注意到——正如一位在日本居住了 20 年的女传教士曾对我所说——也是“十分可笑”的。烈日炎炎的户外，你站在没有树荫遮蔽的太阳底下，一位日本熟人走过，你和他打招呼，他立即脱帽致礼，这是十分自然的，不过“十分可笑”的表现在于，他从开始和你交谈，就收起太阳伞，陪你站在烈日下。多愚蠢啊！——是，确实愚蠢，要不是他的动机为：“你在日头下，我同情你。如果我的太阳伞足够大，或者我们是故交，我很愿意让你到伞下；由于我不能为你遮荫，我只好以这种方式分担你的不幸。”类似这样或更引人发笑的细微举动不仅仅是一种姿态或习惯，它其实也是在感情上体贴他人的表现。

我们的礼仪标准规定了另一种“十分可笑”的习俗，然而许多描写日本的肤浅的作家却将它简单归结为这个国家普遍混乱的状态，对此我持反对意见。每个有经验的外国人都会承认，对这种情境做出适合反应很尴尬。在美国，当你赠送礼物时，你要对接受者不断称赞礼物；而在日本，我们送礼时要贬低或诋毁它。因为，美国思维认为：“这是件精美的礼物：如果它不精美，我不会把它送给你，因为把任

御上洛东海道之沼津

歌川广重绘

何不精美的东西送给你会是一种侮辱。”与此相反，在日本，我们的逻辑变成：“您是个好人，哪有足以配得上您的精美礼物呢！任何礼物都是对您身份的侮辱，我把任何事物放在您脚下，您都不必接受；可我现在仅仅是为了表达我的善意，请您把礼物收下吧，不是因为它本身的价值,而是作为我们之间的纪念。”把这两种思想并排放在一起，我们看到最终理念是一样的。它们都不是“十分可笑”的。美国人讲的是送礼物的物质价值，日本人讲的是送礼物的精神价值。

因为我们的礼仪体现在行为举止的细微处，取其中最微不足道者并作为切入点，然后对礼仪原则本身进行评判，这应该是可取的。吃饭和遵守吃饭的礼仪，哪个更重要？一位中国的圣贤回答说：“取食之重者与礼之轻者而比之，奚翅食重？”“金重于羽者，岂谓一钩金与一舆羽之谓哉？”将方寸之木置于岑楼顶端，谁都不会说它比岑楼高。“说真话与有礼貌，哪个更重要？”对于这个问题，据说日本人给出的答案与美国人的截然相反——下面，我将论及诚实与真诚，对此作出评论。

第七章

诚实与真诚

新选组的诚字旗

新选组是幕末时代支持幕府的武士组织，负责维持京都治安并搜捕反幕府人士。尽管他们的政治立场是维护幕府、反对改革，但其维护国家和平、安定，效忠主公的忠义和勇烈仍然得到后人的无限敬仰与尊崇

如果没有诚实与真诚，礼便是场娱乐闹剧。伊达政宗说："礼之过则谄。"古代一位诗人给与的劝诫超越了波洛涅斯："忠实于自己——若内心不偏离真理，不需祈祷天亦成全。"孔子在《中庸》中道出诚的典范，赋予它超验的力量，将它的作用几乎等同于天，"诚者，物之终始，不诚无物"。之后他还滔滔不绝地阐述了诚深远悠久的性质，不动而产生变化的力量，以及无为而成的存在。从表意的汉字"诚"来看，它是由"言"和"成"组成，不禁引人将它和新柏拉图主义的 logos[①]比较，发觉二者相似——圣人们以其非同寻常的飞行，在这个高度翱翔。

撒谎或者讲话含糊其辞被视为怯懦行径。武士的观点认为，较高的社会地位要求武士具备高于商人和农夫的诚信标准。Bushinoichi-gon——武士一言，或是与之对等的德语 Ritterwort——就是对言语的真实性的充分保证。武士要遵守诺言，甚至不需要书面保证也能履行，书面保证会被认为不够体面。有许多令人毛骨悚然的故事，记载了武士因食言而死。

① 逻各斯，有语言、说明、法则、理性等意。——译者

武士对战图
歌川丰国绘

注重诚实达到如此高度，以至最优秀的武士将发誓看做是对自己尊严的侮辱，这有别于大多数基督徒，他们时常违反上帝不得发誓的明确诫令。我们知道，武士们会对不同的神灵或是他们的佩刀起誓，然而他们的誓言从不会堕落为空洞形式或者无关痛痒的感叹词。为了强化誓言的遵守，有时还要明确地采用歃血的做法。有关这种做法的细节，读者可以到歌德的《浮士德》那里看看。

最近，一位美国作家得对他下面的声明承担责任。他说，假如你问一个普通的日本人，说谎和失礼哪个更可取，他会毫不犹豫地回答："说谎！"皮里博士①说对了一部分，也说错了一部分。对是因为普通的日本人，甚至一些武士也会像他所说的那样做出回答；而错是错在他用的自己翻译的词语"谎言"包含过多的内涵。这个词用来表示任何"非真实"或"非事实"。洛威尔告诉我们，华兹华斯分辨不清

① 皮里：《日本概要》，86页。——作者

真实与事实，而普通日本人在这点上和华兹华斯一样。问一个日本人，或是一个有教养的美国人，他是否讨厌你或者他是否胃不舒服，他会不加迟疑地说谎，回答说“我很喜欢你”，或者“我没什么不舒服，谢谢”。仅仅出于礼貌起见而牺牲了真实，会被视为“虚礼”、“口是心非”。

我确信我正在谈论武士道的诚实观，如果顺便捎带几句国民的商业诚信，也不算不妥当。我听说国外书刊对我们的商业诚信有许多抱怨。松散的商业道德确实是我们国家声誉上的最坏的污点，不过，在对此表示谩骂或急于为此谴责整个日本民族之前，我们先冷静地研究一下，这样我们会对未来稍微安心些。

社会现实中的行业大类中，没有比商业离武士更远的了。商人被置于行业阶层的最底层——武士、农民、技工、商人。武士从土地获得收入，如果他有兴趣，还能沉浸于业余农耕之乐，但是，柜台和算盘却受到武士的嫌恶。我们知道社会如此安排是富有智慧的。孟德斯鸠说得明白，禁止贵族从商是一项值得钦佩的社会政策，因为这样就防止财富聚积在当权者手中。权力和财富的分离使得社会财富的分配愈趋均衡。作为《西罗马帝国最后世纪的罗马社会》的作者，迪尔教授让我们重新认识，罗马

四民图

图中四人的位置反映出日本社会士、农、工、商的等级分化，处于画面最高位置的是武士，然后是农民、手工业者，最末的是商人。商人在社会上的地位是最低的

商业的发展带来城市的繁荣

选自《洛中洛外图卷》

帝国准许贵族从商，结果导致财富与权力被少数元老家族垄断，这正是罗马帝国衰落的原因之一。

商业在日本的封建时代没有发展到自由秩序下所能达到的高度。这个行业的负面性，使得那些没有社会名望的群体汇聚进来。“把一个人称做贼，那他就会行窃。”一个行业被社会贬低，那么它的从业者会自然而然地调低他们的道德水准。正如休·布莱克所说：“正常的良心能够上升到对它所要求的高度，也很容易下滑到人们期待的它的底限。”无论商业或是其他行业，没有一套行业道德准则就不

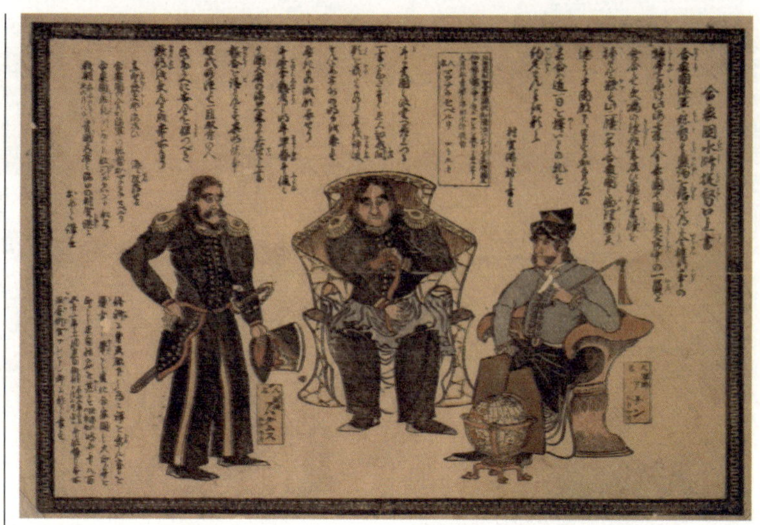

美国海军军官图

图中三人分别为美国海军准将佩里（中）、海军中将阿南（右）、船长亚当斯（左）。1853年，佩里率领美国海军轰开了日本的大门，迫使日本对外开放，逐渐走上现代化的改革道路

能进行交易，这无须多说。封建时代我们的商人之间也有一套道德准则，如果没有，处于胚胎状态的基础商业机构，如行会、银行、交易所、保险、支票、汇兑等等，就不会得到发展；然而，在和他们行业以外的人们的关系上，商人的表现确实符合人们对他们这一阶层的看法。

这种情况下，当国家对外开放贸易时，只有那些最敢于冒险、最不择手段的商人才奔向港口，而相当一段时间内，那些有名望的商行即使在当局再三要求设立分店时也会拒绝。武士道精神不能制止商业中的这类不光彩行为吗？我们拭目以待。

熟悉我们历史的话会记得，我们开放通商口岸进行对外贸易仅仅几年之后，封建制度就被废除了，随之取消了武士的采邑，以发给他们公债作为补偿，这时他们才能将公债自由投资商业贸易。现在你也许会问："为什么他们没把自己引以为豪的诚实带到他们新从事的事业关系中，并以此改革旧有的受谴责的商业关系呢？"许多品德诚实的武士，由于在与狡猾的平民竞争对手打交道时缺心眼儿，在他们还未熟悉的工商领域不可挽回地走向惨败下场，凡亲眼目睹他们遭遇的人，或唏嘘不已，或满怀同情地感叹。当我们得知在美国这样工业化的国家，80%的企业仍会亏困，那么100名从商的武士中几乎没有一个能在新行业取得成功，还有什么值得大惊小怪的吗？为了将武士道的道德应用于商业行为，不知有多少财产招致毁灭，要弄清这笔账目得用掉很长时间；不过，明眼人很快就明白，财富之路不是荣誉之路。那么，它们的差别在哪里呢？

莱基列举了诚实的三个动机：工业的、政治的和哲学的。其中，第一个正是武士道最为缺乏的。至于第二个，在封建制度下的政治团体中也没有得到发展。只有在哲学这一

富岳三十六景之江户日本桥

葛饰北斋绘

块，如同莱基说的，在这个最高的领域，诚实被提升到我们的美德范畴中最为严肃的高度。我对盎格鲁－撒克逊民族所具有的高度商业道德满怀敬意，当我探寻这种商业诚信的根本基础是什么时，得到的回答为“诚实是最好的策略”——诚实是最有益的。那么，这种美德本身不就是它的回报吗？假如诚实是因为能比谎言带来更多的现金才被遵循，那么，我想武士道宁肯活在谎言中。

如果武士道拒绝这种交换式的回报主义，奸猾的商人却能够轻易接受这些。莱基的说法很正确，他认为诚实的发展主要归功于商业和工厂的发展；如尼采所说，诚实是美德之中最年轻的——换句话，它是现代工业的产物。没有现代工业这位母亲，诚实就像个出身高贵的孤儿，他只能通过富有教养的心灵而得以成长。这样的心灵在武士中很普遍。不过，如果没有一位更民主、更实际的奶妈，这个稚弱的孩子是不能健康长大的。随着工业的发展，诚实被证明为是容易实践的，或者更正确地说，诚实是种有利

江户时代江户城的繁华景象

选自《熙代胜览》

可图的美德。试想，不久之前的1880年11月，俾斯麦向德意志帝国的领事曾发出训令，警告他们："德国船载的货物在质量与数量上显然缺乏信用，这是非常可悲的。"现在，我们很少会听到人们批评德国人在商业方面的疏忽和不诚信了。因为20年来，德国商人已认识到，诚实是商业中最为合算的策略。我们国家的商人也已经发现了这一点。除此以外，我向读者推荐两位作者，最近他们在这一点上经仔细斟酌后做出了重要判断。[①]与此相关的有趣现象是，连商人在借债时签订书面协议，也以正直和荣誉作为最可知的保证。他们的保证书中，往往会特别注明这样一句话："如果逾期未能还款，我将毫无怨言地接受众人的嘲笑"，或者"如我无法偿还借贷，你可以指责我是混蛋"，诸如此类，十分常见。

我经常想，武士道的诚实的动机，是否高于勇气？由于没有不作伪证的法令，不能将撒谎视为一项罪名，仅仅是诉为懦弱以及不光彩。事实上，诚实观念和荣誉感是紧密相联的，"诚实"的拉丁语及德语词源和"荣誉"是同一个词。因此，我该花些时间来讨论武士道精神的荣誉观了。

① 奈普：《封建的和现代的日本》，第一卷，第四章；兰森姆：《转型中的日本》，第八章。——作者

第八章

荣　誉

荣誉感，包含着对人格尊严与价值的自觉而鲜明的意识，武士生来就把荣誉视为自己的职责和特权，这是武士最为重要的特征。尽管今天所使用的荣誉一词，最初并未得到自由运用，但是这个观念是由名（na）、面子（men–moku）、名声（guai–bun）这些词表达的，令我们分别想起“名”在《圣经》中的用法、“人格”和“名声”由希腊语衍化而来。好名声——一个人的名誉，“人的自我不朽的部分，没有这些就是野兽”——任何对他进行的真正的侵犯都会带给他耻辱，而耻辱感（Ren–chi–xin）在未成年人教育中被视为是最早培养的品德之一。“你会被耻笑的”、“你会丢脸的”、“你不感到羞耻吗”，这些是请求犯了过失的青少年改正错误的最后恳求。使孩子在心灵最敏感之处有荣誉感，就好像他未出娘胎时就已经受到荣誉感滋养那样；不过，由于荣誉感是同强烈的家族意识紧密联系在一起的，可以说，一个人在未出生之前确实受到了这方面的熏陶。巴尔扎克说：“家族内部不和，社会就会失去孟德斯鸠称之为‘荣誉’的那种基本力量。”的确，在我看来，羞耻感是民族道德意识的最初迹象。由于偷尝“禁果”而给人类带来的最初也最糟糕的惩罚，我认为不是生育分娩之痛，也不是披荆斩棘之痛，而是耻辱感的觉醒。当人类第一个母亲[①]胸脯起伏、手指颤抖，用粗糙的针缝补她垂头丧气的丈夫摘来的几片无花果树叶时，人类历史再不会有比这更令人痛苦的事了。因为不驯从而承受的第一枚苦果，以其他任何事物都不具有的执拗缠住我们不放。即使人类所有的能工巧匠动用一切缝纫技艺，也无法缝制出一条可以有效地遮蔽住我们耻辱感的围裙。一个武士，在年少时不能对哪怕一点点羞辱表示妥协，他没有错；他说："丢脸就像树干上的疤痕——时间不会抹去它，只会让它越长越大。"

卡莱尔所表达的话，孟子在他几百年前就以几乎相同的词句说过了——即耻辱是所有美德、良好举止和优秀道德的土壤。

如此害怕受辱，以至于即便我们的文学没有莎士比亚

① 指夏娃。
——译者

关原合战图屏风

关原合战（1600 年）是日本历史上极为重要的一次战役，德川家康通过此役奠定了后来统一日本的基础。日本战国时代后期的大部分名将都参加了这次战役，战场上林立着标明各支参战队伍徽章的旗帜

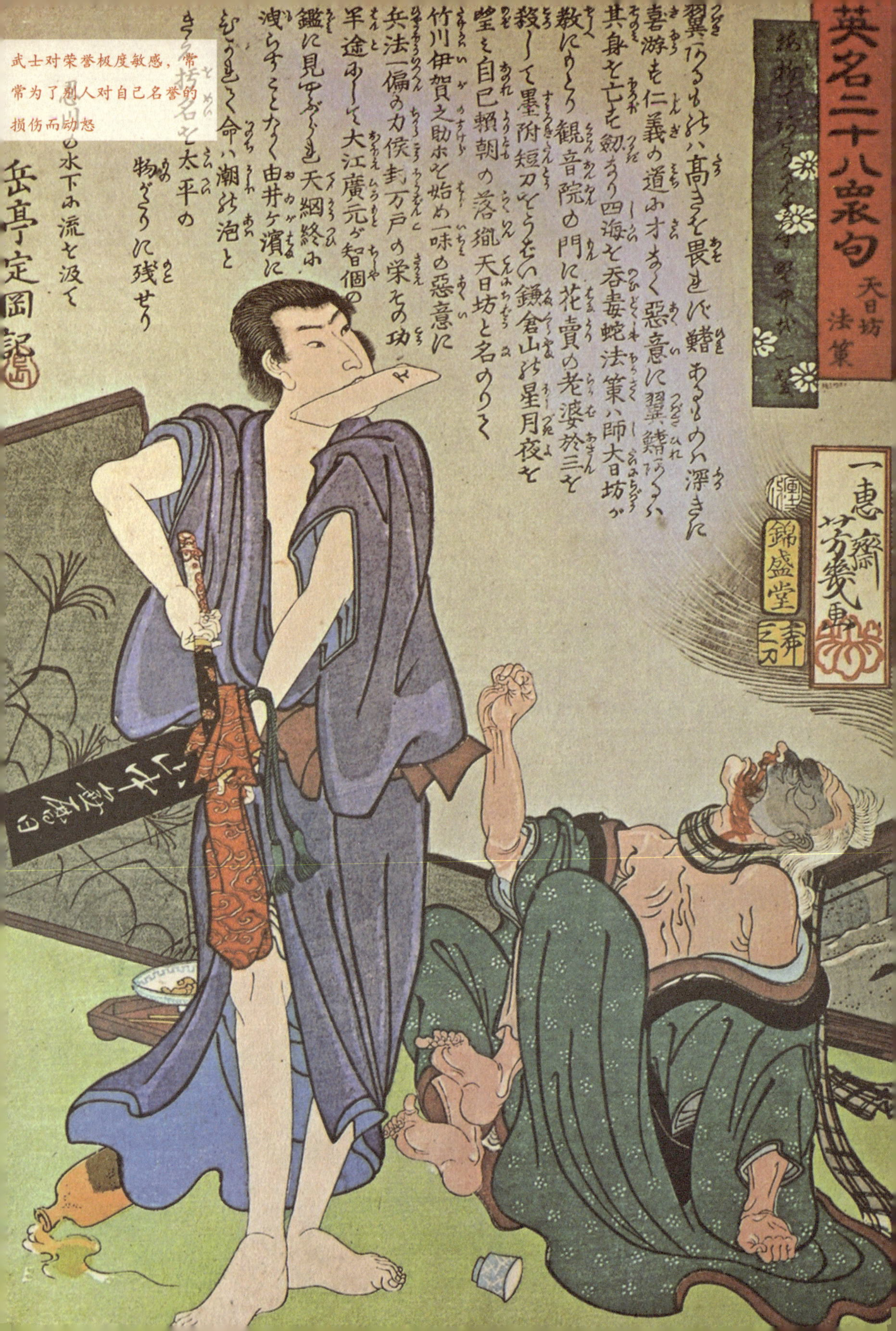

武士对荣誉极度敏感，常常为了别人对自己名誉的损伤而动怒

英名二十八衆句 天日坊 法策

一恵斎芳幾画

錦盛堂

岳亭定岡記

笔下的人物形象诺福克之口道出的那种雄辩，它也会像达摩克利斯之剑那样悬挂在每个武士头上，并且不时显出病态的性质。在武士的法则中，以荣誉的名义所行的一切都无需辩护。由于受到微不足道的侮辱——哦，不，甚至只是想象中的侮辱——自命不凡者就会脾气急躁地拔刀相向，挑起不必要的争斗，使许多无辜者丧命。有这么一个故事：一个好心的平民提醒一个武士有个跳蚤在他背上跳，这个平民立即被武士砍做两半，理由很简单又那么不可思议——跳蚤是寄生在动物身上的小虫，说武士背上有跳蚤相当于说这位高贵的武士是动物，这是最不可宽恕的侮辱。当然，我是不相信这类荒谬故事的。然而，这样的故事得以流传意味着三点：(1) 它们是为了慑服百姓而编造出来的；(2) 对武士的荣誉确实进行了侮辱；(3) 武士阶层形成了极为强烈的耻辱感。以一个反常的例子来谴责武士道精神，

家徽凝聚着武士家族的荣誉。最初这种徽章只有贵族才能使用，但随着武家地位的提升，武士阶层开始广泛使用自己的家徽。这些图案也随着各方诸侯的荣耀而广为人知。部分知名武家的家徽（从左到右）：武田信玄、织田信长、明智光秀、丰臣秀吉、德川家康、伊达政宗

《东海道分间绘图》之从宫（热田神宫）到桑名

东海道是联系京都和镰仓（幕府所在）的重要通道，与京都、镰仓的文化、经济交流颇为频繁

这显然不公平，就正如用宗教狂热与妄信的结果——宗教审判和伪善——来评判基督教教义。但是，宗教的狂热比醉汉的狂乱还是有些动人的高贵之处的，在武士对他们的荣誉极度敏感这点上，我们难道不能看到这其中也隐含着一些属于真正美德的东西吗？

脆弱的荣誉准则隐含着病态的过激行为，这被宽恕与忍耐的宣教极大地抵消了。一个武士，如果因微小的挑衅而动怒，会被嘲笑为“脾气暴躁”。民谚说：“忍所不能忍，是为真忍。”伟大的德川家康留给后代的家训中，有这样的话：“人生犹如负重远行。勿急……勿责人，要经常反思自己的不足……忍耐为人生长久之本。”他的一生实践了他自己的话。一位文学天才借我国历史上三个杰出人物之口说出了颇具个性的隽语：织田信长说，“假如夜莺不鸣叫，我会杀了她”；丰臣秀吉说，“如果不鸣叫，我会逼她鸣叫”；德川家康则说，“如果她不叫，我会等待她开口”。

孟子也极为推崇耐心和忍耐。他曾写下大意如此的话：“虽然你赤膊上阵来侮辱我，你能如何？你的暴行毕竟不能伤及我的灵魂。”在另一个地方他还说过，因小小冒犯而动怒，不是君子所为，只有为大义愤慨而起，才是君子所为。

武士道信仰者的非武力、不抵抗的温和态度，能达到何种高度，可以从他们的言论中有所窥见。小河立所说：“当别人极尽恶言诬蔑你，不要以恶报恶，而是反思你是否忠诚尽职。”熊泽蕃山说：“人咎不咎，人怒不怒，怒与欲俱泯，其心常乐。”我还可以引用“羞耻羞于停留”在他额头的西乡隆盛的话，他说：“道乃天地之道，人行其道，惟在敬天。天以平等之爱待我及他人，故我要以爱己之爱爱人。不以人而以天为伴，并恪力成为天之伴。不责备他人，而应检视自己是否足够精诚。”这些话，有的会让我们想起基督教的劝导，这些也同时表明，在道德实践方面自然宗教与启示宗教很相近。这些话不仅仅是说说而已，还真正地体现在行为之中。

必须承认，能达到如此高度的宽大、忍耐与宽恕的

赖政射鵺图

歌川国芳绘

鵺是日本传说中的一种为害世间的妖兽，当它出现时，公卿贵族都吓得四散奔逃，唯有当时第一勇士源赖政勇猛地将其射落。图画的内容实际上暗喻了当时武家势力的兴起

人只是极少数。非常遗憾的是，关于是什么构成了荣誉并没有清晰而概括的表述，只有一些具有启发性的头脑意识到荣誉“不由境遇而生”，而是存在于人的恪尽其职之中。年轻人在激昂行动时，很容易就把他们在平静时刻学到的孟子言论抛之脑后。这位孟圣人说：“欲贵者，人之同心也。人人有贵于己者，弗思耳矣。人之所贵者，非良贵也。赵孟之所贵，赵孟能贱之。”如我们之后看到的，大多数人对于侮辱立即表现出愤怒并拼死报复，而荣誉——往往不过是虚名或世俗的称赞——被当做尘世的最高境界来追求。名声而非财富或知识，成为年轻人努力奋斗的目标。许多年轻人跨出家门时暗自发誓，不在世上扬名就再不跨进家门；许多望子成龙的母亲对儿子说，除非“衣锦还乡”否则别再回来。为了免于耻辱或为赢得名誉，少年武士将甘受苦痛，忍受身心的双重折磨。他们知道年轻时获得的荣誉，将随着时间而增加。在围攻大阪的那场难忘战役中，尽管德川家康的小儿子热切恳求加入前锋队，却被安置在后卫军。城堡陷落的时候，他失望之极痛哭起来。一位老臣想尽一切办法安慰他，老臣说：“阁下，别不高兴，想想来日方长，在您有生之年，还会有很多机会扬名的。”这位少年愤怒地对老臣说：“你的话可真蠢！我以后还会再有 14 岁吗？”假如能够得到荣誉和名望，生命本身也被视为无足轻重。因此，当一项事业被认为比生命更为可贵，那么人们就会从容而迅速地舍弃生命。

在所有值得付出宝贵生命的可贵事业中，最高尚的当属忠义，它是使封建道德构成对称拱门的拱心石。

第九章
忠　义

“樱井诀别”

楠木正成即将为天皇赴死一战，临行前与儿子正行诀别，嘱托他长大后要为国尽忠。12年后，他的儿子楠木正行遵父嘱为天皇战死

封建道德中的其他美德与其他伦理体系或其民族的阶级所拥有的美德是共通的，但有一种对上级崇敬和忠诚的美德，是它独有。我认为，个人的忠诚是存在于各个群体和境遇中的人群的道德纽带——一帮扒手会效忠于他们的头领，但是只有在武士荣誉的准则中，忠诚才被认为具有至高无上的重要性。

黑格尔曾批判说，[①]封建家臣的忠诚是出于对个人的义务而非对国家的义务，是完全建立在不公正原则上的。不过，黑格尔的杰出同胞俾斯麦则自豪地说，个人的忠诚是德国人的美德。俾斯麦这么说有充分的理由，这并不是因为他所夸奖的忠诚是他的祖国所独有的，或者是任何一个国家、民族所垄断的，而是因为骑士精神这一特定果实在封建制

① 《历史哲学》（英译本，西伯里译），第四部，第二篇，第一章。
——作者

度中保留时间最长，在人民之中存在的时间也最长。在美国，“每个人都和其他人一样好”；在爱尔兰，“每个人都比别人更好”，我们这种对君主忠诚的崇高理念或许被认为“在某种范围内是非常好的”，不过对此我们那样加以鼓励却是荒谬的。很久以前孟德斯鸠就抱怨过，在比利牛斯山脉这一侧正确的东西，在另一侧就成了错的。最近的“德雷弗斯”一案证明了他所说不假，更有甚者，法国的正义得不到支持的边界不仅仅是比利牛斯山脉。同样，我们对忠诚的态度在别处或许找不到多少认同者，这并不是因为我们的观念有错，而是恐怕它已被遗忘，同时也因为我们国家把忠诚发展到任何其他国家不曾达到的高度。格里菲斯称，[①]在中国，儒家伦理将孝顺父母作为人的首要职责，而在日本，“孝”让位给“忠诚”。他的话很正确。在此，我甘愿冒着得罪一些善良读者的危险，讲述一位“追随败落君主共患难”的人，此人也正如莎士比亚所说的，“在故事中赢得一席之地”。

这个故事是关于我们历史上最伟大的人物之一菅原道真的，他遭人嫉妒与诬陷，被流放出京。他的敌人仍不甘休，一心要灭掉他的家族。他们严密搜查他当时尚未成年的儿子，结果发现他藏身于菅原道真的旧臣源藏开办的乡村学校里。当校长源藏接到要求他限期交出那个少年犯的首级的命令时，他首先想的是要给落难的幼主找到一个合适的替身。当学生步入教室时，他仔细察看学生名册，认真审视所有男孩，但是这些农村土生土长的孩子中找不出一个和幼主稍稍相似的。然而，他没绝望多久，因为在点到一个新生的名字时，他看见一个仪态高贵的母亲领着一个与

① 《日本的宗教》。
——作者

菅原道真像

幼主年纪相仿的清秀男孩走进来了。

这位母亲和她的孩子都知道，他和幼主很相像。于是在家中密室里，母子两人都献身祭坛：少年献出自己的生命，母亲献出自己的心肝，而外表上却不露声色。源藏并不知晓发生在两人身上的事，但他却在心中暗下决心。

眼前就是替身！——下面的故事我简要地说——在最后期限到来时，负责检验并接收少年首级的军官到了。他会识破这个被提前掉包的首级吗？可怜的源藏手扶刀柄，准备万一计谋被识破，他就挥刀刺向那个官员或者干脆刺向自己。军官接过令人毛骨悚然的首级，平静地检视每一处特征，然后以深思熟虑、公事公办的语调宣布，这首级就是那个少年犯的。当天晚上，我们在学校见到的那位母亲正在冷清的家中等候着。她知道自己孩子的命运，殷切注视着边门，等待它的开启，但这回不是等待她的儿子归来。她的公公长期蒙受菅原道真的恩惠，菅原道真遭放逐后，她的丈夫为形势所迫不得不侍奉自家恩人的敌人。丈夫本人不得不忠诚于冷酷的新主人，但他年幼的儿子却能为祖父恩公的事业尽忠。因为这位丈夫与被放逐的菅原道真家人熟悉，便被他的新主人委以检验孩子首级是否属实的任务。现在，当天的——是，也是一生的——艰巨任务完成了，他回到家中，跨过门槛，走到妻子面前，说："夫人，高兴吧，我们亲爱的儿子已为主人尽忠了！"

"这故事多残酷！"我可以听见读者这么

菅原道真的仆人松王丸（穿绿衣者）

长期受到道真的恩惠，虽然在道真被害后不得不投奔敌人为仆，却仍将自己的儿子献出来作为道真之子的替身，以儿子的生命作为对道真的报答

惊呼。“父母竟然从容地商量牺牲自己无辜的孩子去救另一个人的生命！”只是这个孩子是自觉自愿作牺牲的。这是一个替死的故事——与亚伯拉罕愿意奉献以撒的故事一样著名，而且也没有令人感到厌恶。在这两个故事中，他们都是出于对职责召唤的服从，最终服从于更高声音的命令，不管发出这个声音的天使是否可见，不管这声音是否被耳朵听到。不过，在此我绝不是进行某种说教。

西方的个人主义承认父与子、丈夫与妻子有着各自的利益，这必然使得个人与他人之间的义务剧减；而武士道则把家族的利害与其成员的利益联系成密不可分的整体。武士道把这份利益与自然的、本能的、不可抗拒的爱联系在一起，因此，如果我们为一个我们自然爱着（动物本身也具有这样的爱）的人去死，这有什么意义呢？“爱那些爱你的人，你得到的是什么呢？连酒馆老板不也是一样做到了？”

赖山阳在他伟大的《日本历史》中，以动人的语言讲述了平重盛内心对他父亲的反叛行为所作的斗争。“如果我要尽忠，我必须除掉父亲；如果我孝顺了父亲，那我就不能尽忠于君主。”可怜的平重盛！后来我们看到他倾其心力向上天祈祷，祈祷上天赐他一死，让他可以从这个纯洁与正义难以驻足的世间解脱出来。

平重盛捕蛇图

平重盛是平家首脑平清盛的嫡长子，在《平家物语》中被描绘成温厚柔和、冷静沉着的理想化人物。他文武双全，被平清盛及平家上下赋予厚望，然而却英年早逝。他的去世被看做平家衰亡的征兆，四年后平家灭亡

有许多类似平重盛这样因责任与亲情的矛盾而心碎的人。诚然，不论是在莎士比亚的戏剧中，还是在《旧约》中都找不到一个合适的词来翻译孝（ko），以完整表达我们的孝的确切

四十七义士夜袭图

歌川国芳绘

1701年，赤穗城主浅野长矩因与吉良上野介发生矛盾，被将军判处切腹自尽，其门下武士对判决不服，决心为主人报仇，于1703年集合47人夜袭吉良邸，杀死吉良，随后集体自尽。他们这种为主人报仇殉死的行为被后人一再称叹

概念。尽管如此，在这些矛盾冲突中，武士道毫不犹豫地选择忠诚。妇女也鼓励自己的孩子为君王牺牲一切。像寡妇温德姆及其显赫的配偶那样，武士的妻子也时刻准备为了忠义大业而捐出她的儿子。

和亚里士多德及现代的社会学家一样，武士道认为国家先于个人而存在，一个人在国家中出生并且是国家的一部分，因此个人必须为国家或者其执政者而生而死。看过《克利托》的读者该记得苏格拉底就他逃亡一事与城邦法律所作的辩论。其中他以它们（法律或国家）的口吻说："既然你为我所生、所养、所育，你敢说你和你的祖先不是我的后代和仆人吗？"这些话语对我们而言，没有什么非同寻常之处，因为同样的话挂在武士道嘴上很久了。差别只在于，在我们这里，法律和国家体现在具体的个人身上。忠诚就是这一政治理论的伦理结果。

斯宾塞先生认为政治服从——忠诚——只具有过渡功能，[①] 对此我并非不知。情况也许是这样。当天的美德当天足矣。我们会很满足地重复它，尤其是当我们相信这一天还有很长一段时间，在这段时间内，如我们的国歌所唱，“小小石子长成布满苔藓的巨石”。

① 《伦理学原理》，第一卷，第二部，第十章。——作者

此刻我们也许记起，即使如英国这样民主的国家，像布特密先生所说的那样，“个人对于一个人及其子孙的忠诚之情，也许是从他们的日耳曼祖先对首领的情感那里或多或少流传下来的，这种感情成为他们对君主家族和血统的忠诚，并很显然地体现在他们对王室的异常尊重上”。

斯宾塞先生预言，政治上的从属将会让位于忠诚、让位于良知。假定他的推论是可靠的——忠诚及其伴随而至的尊敬的本能将会永远消失吗？我们将我们的忠诚从一个

源、平屋岛会战

选自《源平会战屏风图》

主人换到另一个主人身上，对哪个主人都没有不忠实：我们从一个挥舞着世俗权杖的统治者的臣民，变成那个我们心灵密室之王的仆人。几年前，斯宾塞的一些被误导的弟子挑起了一场非常愚蠢的争论，这场争论在日本知识界引起混乱。他们热情拥护对君主不可分割的忠诚，指责基督徒公开承认对上帝忠诚有叛国倾向。他们没有智者的才华却摆出诡辩家的姿态，他们没有学院派的缜密却罗列烦琐的学术论证。他们不知道，某种意义上，我们能够"侍奉二主而不致亲此疏彼"，"把恺撒的归还恺撒，把上帝的归还上帝"。苏格拉底难道不是一直对他的神忠诚并且不愿意作半点让步吗？他同时不也忠诚而沉着地服从他俗世的主人——国家吗？生时遵从良知，死则服务国家。呜呼！如果国家强大得能够要求它的民众真心服从，那就太可怕了！

武士道没有要求我们的良知成为任何君王的奴隶。托马斯·莫布雷是我们名副其实的代言人，他说：

> 令人敬畏的君主，我将自己跪倒在你脚下。
> 我的身体由你处置，但你不能侮辱我。
> 我的职责使然；但我的英名，
> 即使死亡，也要活在墓碑上，
> 不能被你用于侮辱中。

对那些为了君主的无常意志或胡思乱想而牺牲自己良知的人，武士道给予很低的评价。这样的人会受到鄙视，被看做佞臣（nei-shin），即指依靠不择手段的阿谀立足宫廷的人；或者被看做宠臣(chô-shin)，即指依靠奴颜婢膝的顺从而博取主人欢心的人。这两类臣民与伊阿古所描述的完全符合——一种人唯命是从、卑躬屈膝，甘心于低三下四的枷锁，像驴子一样为主人消磨一生；另一种人表面上装出种种忠心耿耿的样子，而内心只为自己打算。当臣民与君主有分歧时，真正的忠诚之道是像肯特对李尔王那样，用尽各种方式匡正君主的错误。如果做不到这点，就由君主随意处置自己。在这种情况下，武士通常的举动是以自己的流血表明他进言真诚，以此对君主的理智和良心作最后的诉求。

生命被视为服务于主人的手段，其理想在于荣誉，武士的全部教育和训练都按照这一理念来进行。

第十章

武士的教育和训练

在对武士进行的教育中，首先要做的一点是对武士性格的塑造，而不是培养审慎、知识及思辨能力等精细的才能。我们已在前文说过，武士教育中美学造诣起着非常重要的作用。那是有修养的人不可或缺的，但是，在武士训练中美学教育并非本质，充其量只是附属物。智力的优越当然受尊重，不过，用来表示智力一词的“知”，首先是智慧的意思，而给予知识则是次要的。支撑武士道架构的三只脚分别是知、仁、勇。武士本质上讲是行动的人，科学不在他活动的范围之内，他只在有关兵器职业方面会涉及科学。宗教和神学则归之于僧侣所有，武士只在这些东西有助于培养勇气时才关注它们。如同一位英国诗人所说，武士相信“不是信条拯救了人，而是人使信条正当化”。哲学和文学构成了武力智力

诚忠义臣绘传

歌川国芳绘

日本人相信武士的勇武是一种美

训练的主要部分，不过在学习这些方面内容时，他所追求的并不是客观真理——文学仅仅是作为一种业余消遣而学习的；对于哲学，如果不是为了阐述某个军事或政治问题，则是作为性格形成过程中的一种实践手段。

由此可见，武士道教育中学习的课程主要由以下组成：剑道、射箭、jiujutsu（柔术）[①]或柔道、马术、矛的使用、兵法、书法、伦理、文学及历史，这些内容不足为奇。这些课程中，对柔术和书法或许要作些解释。之所以特别强调书法，可能是因为我们的文字带有几分图画性质，因而具有独特的艺术价值，还因为书法能彰显出一个人的性格。柔术，如果进行简单定义的话，它是将解剖学知识应用于攻防的需要。它不同于摔跤之处，在于它并不单纯依赖肌肉的力量。它与其他攻击方式不同还在于它不使用任何武器，它的窍门在于紧抓住或击打敌人身体的某个部位，使他失去感觉，没有抵御能力。它的目的不是为了杀死对手，而是令他暂时失去抵抗的能力。

有一门课程，人们期待在军事教育中会有，但在武士道的课程内容中没有，这门引人注意的学科就是数学。它之所以没出现在武士道课程之中，部分原因是封建战争不

① 一般英语作 jiu-jitsu，是拼写有误，这个词与之相同，即柔术，它“不使用任何武器”。(W.E.G.)——作者

武士的格斗主要用刀，但也有各种徒手搏斗术

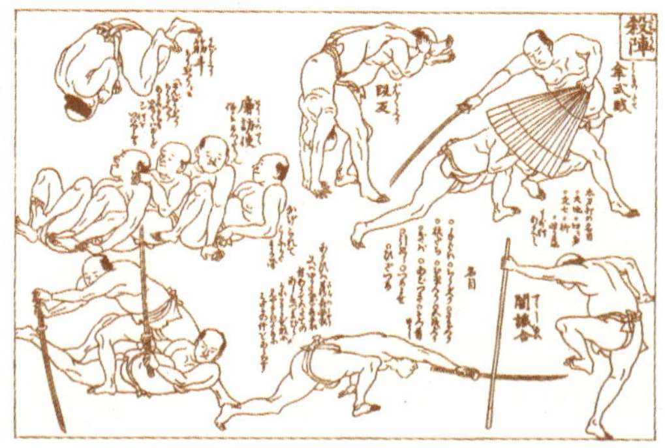

相扑
歌川国辉绘
相扑是被日本人称为「国术」的一种徒手搏斗技巧，但现在已演变为一种观赏性的格斗

需要进行科学的精确计算。况且，武士道的全部训练也不适合培养武士的数字观念。

武士精神不是功利的，它甚至是以贫困为自豪的。它所说的与文提狄斯一样，“战士的美德是荣誉心，宁可选择损失，也不愿因获利而蒙羞”。堂·吉诃德认为，相比黄金和领地，他更为锈迹斑斑的长矛和瘦骨嶙峋的老马而自豪，武士对这位拉德曼知音表现出深切同情。他鄙视金钱——包括赚取或聚敛它的方式，这于他是名副其实的不义之财。对一个堕落时代的形容词莫过于“文官爱财，武官怕死”。吝啬黄金和生命都会受到极大的鄙视，但对钱财和生命的挥霍却受到极大赞扬。当前一句谚语说：“人忌思金钱，钱财阻智慧。”因此，我们在全然无视经济的环境下抚养孩子成长。谈论钱财，会被认为是品位差，而不会区分不同货币的价值却是良好教养的标志。数字的知识，在分配俸禄采邑、集合兵力时是不可缺少的，但是有关钱财的计算，则要由卑微的人去做。在许多藩国，公共财政是由下级武士或僧侣管理的。每个有头

即使在和平年代，武士也依靠武力维生，而对商业一窍不通

在武士的心目中，和金钱联系在一起的商人群体很容易滋生道德腐败

脑的武士都很清楚，金钱是战争的支柱，但是他并没有想过把增殖钱财提升为一种美德。诚然，武士欣然倡导节俭，但并不是出于经济的目的，而是作为克己的锻炼。奢侈被认为是人的最大威胁，并且武士阶层要求过最俭朴的生活，许多藩国施行着禁止奢侈的法令。

我们从书中读到，古罗马的税吏和其他财政官员逐渐晋升到骑士阶层，由此显示出国家对他们所提供之服务的重要性的认可。可以想见，这与古罗马人的奢侈和贪婪有多么密切的联系。而武士道的规则却并非如此，它一贯坚持视理财为低下——所谓低下，是指这种职业和那些从事道德及知识普及的职业相比。

正是这样勉力轻视金钱和金钱欲，武士道才能够长期摆脱金钱所导致的万恶，这就是我们的公务人员长期没有腐败问题的充分理由。只是，令人慨叹的是，对金钱的崇拜是多么迅速地进入了我们的时代。

工匠正在制作铠甲

今天，智能训练主要是通过数学学习来进行，而以往是由文学诠释和道义学的研讨来进行。正如我前文所述，教育的主要目标是性格的塑造，所以很少有抽象科目困扰年轻人的心智。那些仅仅博学多识的人，并不能够拥有许多崇拜者。在培根给出的学习的三个作用——即怡情、装饰以及能力——中，武士道优先选择了最后一项，旨在用于“判断和处理事务”。不管是为了处理公务，还是为了锻炼自控力，这都是从实际的目的来实施教育的。孔子说：“学而不思则罔，思而不学则殆。”

当一位教师选择品质而非智力，选择灵魂而非头脑作为雕琢、开发的目标时，他的职业就带上神圣的性质了。“生我者父母，使我成人者，师长也。”因此，在这种观念下，教师受到极高的尊崇。能够从年轻人身上唤起自信和尊敬的人，必然具有卓越的人格并且具备精深的学识。他是失怙者的父亲，是迷途者的导师，正如我们的箴言所说：“父母如天地，师君如日月。”

佛教传入日本后，影响甚大，僧人们很受推崇。无论是以佛学启发智慧还是以佛法超度众生，佛教都是日本人生活中极为重要的一部分

现代各种服务都付酬的制度，在武士道的追随者之中并不流行。他们相信，存在着一种既不需要支付金钱也无价的服务。不论是僧侣还是教师的工作，灵魂的工作都不应以金银来付酬，这并不是因为它没有价值，而恰恰是因为它是无价之宝。这种非算术的荣誉——武士道的本能，比现代政治经济上的课更为真切；因为工资薪水只能支付那些结果确定、明显、可计量的服务，而教育领域所作的最好的服务——即灵魂的启发（这还包括僧侣的工作），是不确定的、不明显的、不可计量的。由于不可计量，金钱这种衡量价值的手段，也就不适用于此。传统惯例允许学生在每年的不同时节向他们的老师赠送钱物，但这并非报酬，而是礼品馈赠。事实上这种做法很受教师欢迎，因为他们通常都是严厉并以清贫为豪的，他们太过于自尊而不愿去动手干活，太过于自尊而不去乞讨。这种教育是在逆境中艰苦奋斗、保持高尚精神的动力，他们被视为是所有学问的终极的体现，并且是训练中普遍要求武士自制的活的典范。

第十一章

自我克制

一方面，坚忍的磨练教导我们要毫无怨言地忍耐，另一方面，礼仪教导我们不可因为自己的悲哀或痛苦的表达而破坏他人的快乐或宁静，两方面结合导致产生禁欲主义的性情，最终形成了一种表面上的禁欲主义的国民性格。我之所以称之为表面上的禁欲主义，是因为我不相信真正的禁欲主义能成为一个国家全体的特性，还因为我们国家的一些礼节和风俗被外国观察家认为是冷酷无情的。然而，我国国民实际上对柔情的敏感并不亚于世界上的任何民族。

我认为，在某种意义上，我们多愁善感要胜过其他民族很多——多好几倍。因为正是试图抑制感情，恰好会引起痛苦。想想看少年们——还有少女们——所受的教育，让他们不要为了发泄感情而流泪或发出呻吟来舒缓感情。这番努力是令他们的神经迟钝了呢，还是更加敏锐了呢？这是个生理学问题。

武士将情感暴露于面部，被认为不够男子汉。“喜怒不形于色”，是用在形容伟大人物时的辞令。最自然的爱情要受到抑制，父亲拥抱儿子有损尊严，丈夫不能亲吻妻子——不，是不能当着他人的面，私底下不论！一个风趣的青年如是说，“美国人当众亲吻妻子而背地里打她，日本人当众打妻子而背地里吻她”，这么说也许有几分道理。

如果举止沉着，头脑冷静，就不会被任何激情困扰。我记得在最近同中国的战争（中日甲午战争）期间的一件事。当某联队团从某个镇出发时，大批人群涌到车站向将军及其军队告别。这时，一个美国人特意来到这里，希望能亲眼目睹他所预期的喧闹的感情迸发。当时全体军民都非常激动，人群中也有父亲、母亲、妻子和心上人。然而美国人却异常失望，因为当汽笛鸣响，火车开始启动时，数千人乃默默脱下帽子，恭敬地低下头告别；没有挥动手帕，没有言语，只有深深的寂静，只有侧耳细听才能捕捉到断断续续的一些抽泣。居家生活也是一样，我知道有父亲听着病中孩子的呼吸，一整夜站立门后，为的是不让孩子发觉自己的软弱行为！我知道有母亲

蒙古袭来绘词（部分）

上　竹崎季长领军出击

下　虽坐骑被杀，头盔中箭，季长仍不屈服

月百姿之廓之月

月冈芳年绘

弥留之际，不让把儿子叫回来，为的是不扰乱他的学习。我们的历史和日常生活之中，有着许多能够与普鲁塔克的某些最动人的篇章相媲美的巾帼英雄的事例。我们的农民之中，伊恩·麦克拉伦肯定会找到众多的玛吉特·豪。

日本的基督教会中，信仰的频繁复兴很少见，这个同样可以用自我克制的锻炼来解释。无论男子还是女子感觉灵魂不安心灵激动时，第一个本能就是悄悄抑制这种激动，不让它外露。即使当我们怀有真诚而狂热的雄辩这样不可抗拒的情绪时，也罕有给舌头以自由的例子。由于人们十分注重不违背第三诫（“不可借你的上帝耶和华之名妄言”），因而从不鼓励轻率谈论心路历程。对日本人的耳朵来说，在乌合之众中听到用最神圣的话语去讲述最私密的心灵体验，这是刺耳的不和谐之调。某个青年武士曾在日记里写道：“你感觉到灵魂的土壤被温和的思想所扰动了吗？这就是种子发芽之时。不要用言语来打扰它，让它在安静与隐秘中独自成长吧。”

费许多唇舌来表达一个人最深层的思想和感情——特别是宗教方面的，这在我们看来既不深邃，也不真诚。有句俗话说：“张口就见心，不是石榴吗？”

感情活动的瞬间，我们为了隐藏感情，竭力紧闭双唇，这完全不是因为东方心态不合情理。对我们而言，语言——像法国人所定义的那样——常常是门“掩盖思想的艺术”。

去拜访一位正处在最深痛苦之中的日本朋友，他会带着红肿的眼睛、濡湿的面颊，却一如继往地笑着接待你。起初你也许会觉得他是某种歇斯底里。假如你一定要他对此加以解释，你大概会听到几句前后不搭的套话，像“人生多愁苦啊”，“总有离别啊”，“有生就有死啊”，“数亡儿的年龄虽是很蠢，可女人的心常做这样的蠢事”，等等。因此，高贵的霍亨佐伦有句高贵的话，即“学会毫无怨言地忍受

贵族女子在下棋、赏花
选自《源氏物语绘卷》
绘于江户时代

男子独坐于冷月下，心中愁苦而吟歌道："月是去年月，春仍往昔春。我身虽依旧，人面何处寻？"诗歌里满是男子的哀伤之情。

选自《业平歌意图》
土佐光起绘于江户时代中后期

痛苦"——早在他讲出这话之前很久，我们的国民就有众多与他共鸣的人。

事实上，每当人性的脆弱面临最严厉的考验时，日本人经常会作出笑脸。我认为，我们国民的这种笑脸的理由，比德谟克利特的理由更好，因为我们的笑脸经常是在受到逆境困扰时，用以掩饰内心以力图恢复平衡的面具，它的本质是悲伤或愤怒的平衡锤。

由于经常强调抑制感情，人们便于诗词中找到了它的安全阀。10世纪一位诗人（纪贯之）写道："日本和中国一样，人性为悲哀所动则将苦痛赋予诗歌。"一位母亲试图安慰自己破碎的心，想象着死去的儿子跟往常一样外出捉蜻蜓了，吟唱道：

我的孩子，你出去捕捉蜻蜓，今天要走多远？

我不再引用其他例子了。因为我知道，如果我将这些从受伤泣血的心上一滴一滴拧出来并且串成最宝贵的珠链的思想译成外语，那我完全是在糟蹋我们的文学瑰宝。我希望一定程度上能展现我们国民的某些内心思想活动；我们的内心思想活动经常表现为表面上的无情或者夹着欢笑和忧郁的歇斯底里，甚至难免会被怀疑心智是否健全。

也有看法认为我们对痛苦的忍耐、对死亡的漠视，缘于神经不够敏感。这在一定限度上是可能的。下一个问题是——为什么我们的神经绷得不紧呢？或许是因为我们的气候不像美国那样富于刺激性，或许因为我们的君主政府不像法国的民主那样令国民激动，或许我们不像英国人那样热心于阅读《归衣新裁》。我个人的意见是，我认为正是由于易于激动和多愁善感，才使得我们必须不断认识并实行自我克制。总之，关于这个问题的任何解释，若不考虑到这种长年累月的自我克制的砥砺，都不会是正确的。

自我克制的磨练很容易做过头。它有时会压抑心灵的活泼思潮，有时会使可塑的天性变得扭曲、丑陋，有时能产生偏执，培育伪善，钝化感情。作为无比高尚的美德，它有着自己的阴暗面及冒充者。我们必须认识到每项美德有其积极的优点，我们必须追求其积极的理想境界，而自我克制的理想境界就是使得头脑平静——这是我们的表述——抑或借用古希腊名词，达到 euthymia，即德谟克利特所谓的至善境界。

下面，我们将要研究两种习俗：自杀与复仇。其中第一种不但是自我克制的顶点，并且还是它的最好体现。

第十二章

自杀与复仇的习俗

有关这两种习俗（前者称为切腹，后者称为复仇），许多外国作家或多或少充分讨论过。

首先谈自杀。我先声明，我的观察仅限于切腹或是剖腹，即通俗所说的以取出内脏的方式自毁。“划开肚子？多荒唐！”乍听见这个词的人会如此叫道。外国人听来，最初会觉得这种行为荒唐怪异，可对于研究莎士比亚的人而言，它就不陌生了，因为莎士比亚曾借布鲁图之口说：“你（恺撒）的魂魄显现出来，将我们的剑反刺入我们自己腹中。”还可以听一位现代英国诗人在他的《亚洲之光》里吟咏道，剑锋刺穿了女王的肠子——可是，没有人指责他粗俗的英语或他违反礼仪。或者，再举一例，看看热那亚罗萨宫中古尔基诺所画的卡托之死吧。无论谁读过艾迪生笔下卡托的绝唱，都不会嘲笑那把半埋入卡托腹中的剑。在我国国民的意识中，这种死亡方式与最高尚的行为及最感人的悲情的事例是联系在一起的，因此，这没有什么令人厌恶的，更不会招来嘲笑。美德、伟大、安详的转化力量如此令人叹为观止，就连最邪恶的死亡形式也带上庄严性，并使死亡变为新生命的象征，不然的话，君士坦丁大帝所看见的标志（十字架）怎能征服世界？

切腹之所以在我国国民心目中没有一丁点儿荒谬色彩，不仅因为联想到其他事情的原因，还是基于古代解剖学理念，以其肚子是灵魂与爱情的栖身之处。当摩西写下“约瑟为其弟而肠如焚”，或是大卫向主祈祷勿忘他的肠，或当以赛亚、耶利米和其他古代先知说及肠“鸣”或“痛”，他们都在印证那种在日本人之中流行的普遍信仰，即灵魂寓于腹部。闪族人习惯上把肝、肾和周围脂肪认为是感情和生命的寓所。“腹”这个词比起希腊语 phren 或 thumos 更有综合性，日本人和古希腊人一样，都认为人类的灵魂栖居于这个区域的某处。这种想法决不仅仅限于古老民族。法国人，尽管他们最杰出的哲学家之一笛卡尔提出了灵魂

身穿白衣的武士正在切腹，身后持刀站立者为介错人。切腹者以短刀刺入腹中，身体前倾，由介错人砍下他的头颅，完成切腹

位于松果腺的学说，却仍把在解剖学上还很模糊而在生理学上意思明确的“ventre”这个词，用来表示“勇气”的意思。同样，法语的 entrailles（腹部）在他们语言中也代表爱情和怜悯之意。这种信仰不是单纯的迷信，比起将心脏作为感情中枢的一般观点还是科学的。日本人比罗密欧更了解——不用去询问修道士就知道，“这副臭皮囊的哪个部位住着人的名字”。现代神经学家谈到腹部脑髓及盆腔脑髓，提出这些部位的交感神经中枢通过精神作用，能感受到强烈刺激的学说。这种精神生理学的观点一旦得到承认，切腹的逻辑三段论就很容易构成。“我将打开我灵魂的居所，给你看看它到底怎样。你自己来看它是浊是清吧。”

不要误认为我这是在宗教或者道德层面主张自杀。不过，对荣誉的过度评价成为许多人了断自己生命的充分理由。多少人默认了加斯所表达的情感——

> 当荣誉已尽，死是解脱；
> 死亡是躲避耻辱的可靠避难所。

微笑着把他们的灵魂交给了幽冥！武士道在牵涉到事关荣誉的问题时，将死亡视为解决许多复杂问题的钥匙。因此，在一位雄心勃勃的武士看来，自然状态下告别生命是件非常乏味的事，因为这样没有做到虔心求得圆满。我敢说许多善良的基督徒，只要他们足够坦诚，也会承认对于卡托、布鲁图、佩特罗尼厄斯以及众多其他古代伟人终结自己尘世生命的高贵镇定，即便不是激赏也会着迷。如果说哲学家鼻祖（苏格拉底）之死含有自杀成分，难道是说过头了吗？当我们通过他的学生所记载的情况了解到，他尽管有着逃跑的可能性，却自愿服从国家命令——而且他明知这个命令在道义上

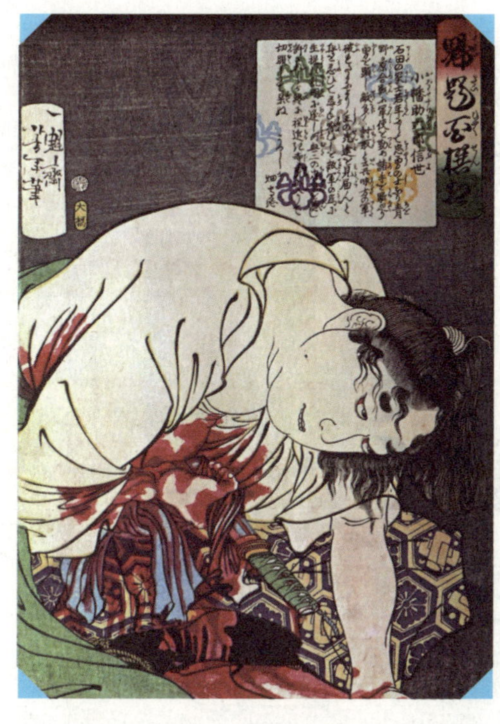

魁题百撰相（部分）
月冈芳年绘
小幡信世为了不被俘而切腹自尽

是错误的——他还亲手取过盛毒药的杯子，甚至以杯中致命物祭酒，难道我们还看不出在他的行为举止中有自杀成分吗？只不过没有平常行刑中的身体强制——法官的判决是一般强制性的，法官会判决说：“你必须死——而且由你亲手去死。”如果自杀仅仅意味着死于自己之手，那么苏格拉底之死，显然是自杀，但是没有人指控他的自杀罪行。柏拉图就厌恶自杀，不愿称他老师是自杀者。

现在，我的读者该理解切腹并不单纯是自杀的方法。它是一种习俗，既带法律意义又有礼法意义。作为中世纪的发明，它是武士们赎罪、悔过、免于耻辱、解救友人或效忠的一个方法。当它被作为法律惩罚施行时，还有相应的仪式。它是自杀的凝练，若没有性情上的极度冷静及举止沉着，无人能够做到这些。正由于这些原因，切腹尤其适合武士自杀时采用。

写好辞世之句的武士，正准备切腹

仅仅是出于对考古的好奇，我也想在这里描述一下这种已被废除的仪式；不过，这种描述已由一位更由能力的作者完成了。今天读过他这本书的人不多，我在此作一篇幅较长的摘引。密特福德在他的《旧日本故事》一书中，先从一卷珍本日本文献里译载了一段关于切腹的专门论述，还描写了他亲眼目睹的一个真实案例：

“我们（七个外国代表）应邀跟随日本验尸官进入寺庙的正殿，仪式在那里举行。那是一幅森严的景象。大殿屋顶由黑色木头柱子支撑着，很高。从天顶上垂挂下来大量佛教寺院特有的巨大镀金灯笼及其他装饰。高高的佛坛前，地上铺设了一块高出地面三四英寸的漂亮的白色榻榻米，上面覆盖着一条鲜红的毛毡地毯。间隔不远摆放着的高烛发出幽暗神秘的光亮，恰好足以让人看清整个行刑过程。七个日本验尸官位于席垫左侧，七个外国人位于右侧，此外别无他人。

“紧张不安地等待了几分钟之后，泷善三郎身着重大场合才穿的麻布礼服走入大殿。他32岁，身材魁梧，器宇轩昂。陪同他一起的有一个断头人（即介错人）和三个穿着金穗饰边的无袖罩衣的军官。应该注意到断头人这个词，它并不等同于英语中的‘行刑官’一词。这一职务属于绅士专有，多数情况是由罪人的亲属或友人担任，他们之间与其说是罪人和行刑官的关系，不如说是主角和协助者的关系。这次的断头人是泷善三郎的弟子，因他剑术造诣高超故而被从泷善三郎的几个亲友中挑选出。

“泷善三郎，左边跟着断头人，缓步走向日本验尸官；两人对他们鞠躬行礼，然后转向外国人，同样地、也许甚至更加尊敬地对我们行礼；每次都被致以郑重的回礼。泷善三郎缓缓地带着威严登上席垫，对着佛坛跪拜两次，而后背对高坛跪坐[①]于毛毡地毯上，断头人则蹲在他左侧。三个侍卫军官中有一个走上前来，带着寺庙里上供用的那种托盘，里面盛了用纸包裹的短刀或匕首，长9.5英寸，刀尖及刀刃如同剃刀一般锋利。这个侍卫军官行礼后，将此传交罪人，罪人恭敬接过，用双手将它高举到头顶，然后放在自己面前。

“又一次深深敬礼之后，泷善三郎的声音里现出痛苦招认者可能带有的情绪和踌躇，但他的神色、举止没有任何变化迹象，他如是说：

“‘我，我一人，未经授权无理下达了向神户的外国人

① 跪坐——在日本方式里，指膝盖和脚趾接触地面，身体坐于脚跟上。这是出于尊敬的姿势，他要保持这种坐姿一直至死。——作者

来使向待罪武士宣布将军令其切腹的诏令。对武士来说，切腹自尽是一种光荣而有尊严的死法

切腹者身穿白衣，仪态端正地坐在代表将军的使者面前，准备切腹。身后着黑衣者为介错人，介错人一般由其亲友担任

开枪的命令，且在他们逃跑时再度下令开枪。由于此罪行，我谨切腹谢罪。请在场各位，赏以明鉴。'

"说话者再次鞠躬，将衣服上半部分脱下，袒露至腰部。他小心地依照习俗把衣袖掖入膝盖底下，防止自己向后倒下——因为高贵的日本武士应当前扑而死。他不慌不忙，一手稳稳地拿起放在面前的短刀，似乎在依依不舍、近乎深情地注视着它；看来是在集中临终的念头，片刻后，他把短刀深深地刺入腰下左腹，他慢慢将刀拉向右侧，再从伤处拉回左侧，向上轻轻切开。在这令人震惊的痛苦过程中，他的面部肌肉一动不动。他拔出短刀，身体前倾，伸出了脖子。一丝痛苦的表情这才掠过他的面孔，但他不吭一声。这个时刻，那个安静蹲在一旁，一直关切注视他的每一个动作的断头人站起身来，手举佩刀停顿了一秒；刀光一闪，沉闷、可怕的一声后，身首异处，一颗人头落地，一具身体轰然倒下。

"紧接着是一片死寂，只听到鲜血从我们面前一动不动的躯腔中汩汩涌出的声音，这具躯腔片刻之前还是一个勇敢的、骑士般的男子汉。太可怕了！那个断头人深鞠一礼，用预先准备好的一张纸擦干他的刀，从榻榻米上退下；那把血染的短刀作为行刑的证物被庄重地带走了。

“于是，天皇的两位代表离开他们的位置走到外国见证人这边，告诉我们处以泷善三郎死刑已如实执行，请我们见证。仪式到此结束，我们离开了寺庙。”

要从我国文学或目击者的叙述中寻找关于切腹的情景，简直是不胜枚举。现在，我只需要再举一个实例就够了。

左近和内记是兄弟俩，年龄分别为 24 岁和 17 岁，他们为了替蒙冤的父亲报仇企图杀死德川家康，然而他们一进军营就被抓了。老将军宣布处死他家所有男丁，连他们 8 岁的小弟弟也不例外，但他赞赏这对年轻人敢于来取他性命的勇气，便下令允许他们兄弟选择最光荣的死法。兄弟三人被带到行刑的寺庙。以下场景是在场的一位医生在自己日记中记下的当时情景：

“他们并排坐着等待最后发落，左近转身对最小的弟弟说：‘你先，因为我希望确定你做得没错。’小弟回答说他从未见过切腹是怎样的，因此想看到哥哥怎么做，然后他能效仿。哥哥含泪笑道：‘说得好，小家伙！当得起是父亲的儿子。’他们将小弟排在两人中间，左近将刀戳进自己左腹说：‘弟弟，看着！明白了吗？但是不要扎得太深，会向后倒的。要向前倾，膝盖要放好。’内记同样这么做，对男孩说：‘眼睛睁开，不然就像女人死去的脸。如果你的刀碰到什么停住了或力气不够了，就要鼓起勇气用双倍的力量把刀拉回来。’孩子从这个看到那个，当两人都死去，他

用于切腹的肋差（一种短刀）

镇静地脱去上半身衣服，以左右两位为榜样，漂漂亮亮地完成了切腹。”

既然对切腹行为不断地颂扬，这会诱惑一些人滥用它。为了一些完全不合道理的事情，或是为了完全不值一死的理由，性急的年轻人就像飞蛾扑火那样冲动地赴死。因混杂且可疑的动机驱使武士去切腹的事，要比驱使修女进入修道院还多。生命没有价值——以世间通行的荣誉标准衡量生命有没有价值，最可悲的一点是，荣誉总是带着水分，可以这么说，它不总是纯金的，而是掺杂进了劣等金属。但丁在《神曲》中将所有自杀者置于地狱第七层，日本人在那里的人口密度恐怕没有别人可以超越吧！

然而，对一位真正的武士而言，仓促赴死或贸然求死同样是怯懦的。有一位典型的武士，他屡战屡败，被从平原追到山野，由丛林赶到山洞，最后饥肠辘辘，孑然一身，藏在幽暗的树洞里，刀已用得驽钝，弓断了，箭也光了——这种情形之下最高尚的罗马人不

山本晴幸像

歌川国芳绘

晴幸是武田信玄的家臣及军师，后为信玄战死。这样身负重伤而战斗不息的勇士是后人咏叹的对象

是在腓利比自刎了吗？——但是，他认为死是懦弱的，他以近乎基督教殉教者的坚忍，即兴吟诗鼓舞自己：

来吧！尽管来吧，
可怕的悲伤和痛苦！
堆积在我重荷的脊背；
每一次考验我不会退怯，
心中永保所有的力量！

这才是武士道的教导——以忍耐和正确的良知承受并面对一切灾难和逆境；正如孟子[①]所说的："天将降大任于斯人也，必先苦其心志，劳其筋骨，饿其体肤，空乏其身，行拂乱其所为，所以动心忍性，曾益其所不能。"真正的荣誉在于履行天命，为此招致的死亡都不会不光彩；相反，逃避天意而死则完全是怯懦的！托马斯·布朗爵士的奇书《医生的宗教》里，有一段称得上就是我们武士道所反复教诲的一段话。让我引用一下："蔑视死亡是勇敢的行为，当生比死更可怕时，敢于活下去才是真正的勇敢。"17世纪一位著名和尚曾讽刺道："一个从未想过死的武士，尽管会说能讲，关键时刻不是逃得快就是躲得快。"又说："心底一旦决定赴死，无论是真田的矛，还是为朝的箭，都不能穿透他。"

这些话表明，我们是多么接近那位教导"为我丧失生命的将要得救"的创

① 我逐字引用了莱格博士的翻译。——作者

平清盛率军迎战攻来的源义朝军
选自《平治物语绘卷》

为主公讨仇的四十七义士
歌川国芳绘

建者（耶稣基督）所建筑的庙堂的大门！这些不过是要确证人类道德认同的无数事例中的一些，尽管还有一种不懈的尝试使基督教徒和异教徒之间的差别增大。

这样，我们可以看出，武士道自杀的习俗并不像我们乍一看吓一跳那样不合理和野蛮。现在我们再来看看作为由它派生的姊妹制度——复仇，或者也可称为报仇——是否具有什么优点。我希望我能三言两语说清这个问题。因为类似的制度——或者称之为习俗，曾在所有民族中盛行过，至今也没有完全被废除，这由决斗和私刑仍然存在而得到证明。最近，不是有一个美军上尉为了替德雷弗斯报仇洗冤而向埃斯特哈齐提出决斗吗？正如在一个没有实行婚姻制度的原始部落中，通奸不是罪，只有其情人的嫉妒才确保女子不失贞；同理，在一个没有刑事法庭的时代，谋杀不是犯罪，只有被害者亲友维护治安性的复仇才维持了社会秩序。奥西里斯问贺鲁斯：“什么是世上最美的事物？”答曰：“替父报仇。”

对此日本人会加上："还有为主公报仇。"

人们在复仇中能满足某种正义感的东西。复仇者的逻辑是这样的："善良的父亲不应该死，杀害他的人做了大恶。父亲如果活着，不会容忍这样的行径——上天也憎恶恶行。作恶者停止作恶，这是父亲的意志，也是上天的意志。让作恶者必须经由我手而死，因为他令我的父亲流血，而我——父亲的骨肉，必须使谋杀他的人流血。我和谋杀者不共戴天。"这番推论简单而孩子气（虽然我们知道哈姆莱特的推理也没有比此更深刻），不过，它显示了与生俱来的公平感及平等的正义感。"以牙还牙，以眼还眼。"我们的复仇感恰似我们的数学能力，直到方程两端条件都相等，否则我们心中会有重要事情未了结的感觉。

犹太教相信有嫉妒之神，古希腊神话中也提到复仇女神涅墨西斯，可以把复仇行为寄托给超越人类的力量；而

曾我祐成 与其弟时政为报父仇而杀工藤祐经，后虽被杀，其孝义却为后人传颂，为之编写了《曾我物语》

在潜伏、伪装了一年以后，散落各地的武士们在浅野家首席家臣大石内藏助的号召下聚集起来，约定在某个夜晚袭击仇敌的宅邸，为冤死的主公复仇。图为四十七义士正在夜袭吉良邸

常识为武士道提供了复仇习俗作为一种伦理意义上的公平法庭，使得人们能够处理根据普通法律无法判决的事件。四十七名浪人的主公被判以死刑，这位主公没有可以上诉的高一级法庭，他的忠实门客便诉诸复仇——当时唯一的最高法庭。他们自己被普通法律判了罪，但是大众的本能却做出另一个判决，因此对他们的缅怀就像他们在泉岳寺的坟墓，永葆常青，流芳至今。

虽然老子教导说要以德报怨，但是孔子的声音响亮得多，他教导必以直报怨；不过，只有当复仇是以我们上级、长辈及恩人的名义进行时才被看做是正当的。本人蒙冤，包括妻子、孩子受到伤害，应该忍受并要宽恕伤害者。故此，武士会充分同情汉尼拔发誓为国报仇，却蔑视詹姆斯·汉密尔顿，因为他贴身携带妻子墓中的一抔土，激励自己为了她而向摄政王默里报仇。

随着刑法法典的颁布，自杀和复仇这两种习俗都失去了存在的理由。我们再也听不到美丽的少女女扮男装追踪杀害父母的凶手的浪漫冒险，再也看不见家族世仇的悲剧上演。宫本武藏的游侠经历现已成为往事。纪律严明的警察为受害方搜捕犯人，法律则维护公正，整个国家和社会都会匡正恶行。由于正义感得到了满足，就无需复仇行为。如果复仇像一位新英格兰牧师描述的那样，“以牺牲者的鲜血来满足饥饿的欲望所培养的内心渴望”，那么刑法法典中的一些法条会使它根绝。

四十七义士之首
大石内藏助雕像

至于切腹，尽管制度上已不复存在，但是我们依然时常听到这种行为。而且只要人们总记住过去，恐怕我们将来还会继续听到。由于全世界自杀信徒正以骇人的速度增长，许多无痛、省时的自毁方法也许会流行起来；不过，这些方法之中，莫塞里教授将不得不承认切腹的贵族地位。他主张：“当自杀是以非常痛苦的方式或以长时间的剧痛来完成时，百分之九十九可以把它定为由于狂热、疯狂或病态的兴奋导致的神经错乱的行为。”[①]只是正常的切腹并不具有狂热、疯狂或兴奋的意味，相反，它成功实施的必要条件是极度冷静。斯特拉罕博士[②]把自杀分为两种类型：理性的或疑似的，不合理的或者真正的。切腹是前一种类型的最好例子。

后人将四十七义士的故事编成歌舞伎《忠臣藏》，因戏剧不能使用真实人名，于是大石内藏助被改名为大星由良之助

从这些血腥的习俗来看，同时从武士道的要旨来看，可以很容易推断出，刀剑在维护社会纪律和生活方面起着重要作用。故此，有一句格言说：刀，乃武士之魂。

① 莫塞里著：《自杀》，314页。——作者

② 《自杀与疯狂》。——作者

第十三章

刀，武士之魂

程义经恋源

歌川国芳绘

图为弁庆与义经之初遇。当时弁庆正在五条大桥上挑战来往武士，取胜后夺取对方的佩刀，当义经路过时他已收集到999把上好的武士刀。他看上了义经的黄金佩刀，于是上前挑斗，却反被义经收服。图中可见各种装饰精美的刀

武士道把刀剑视为力量和勇敢的象征。穆罕默德曾宣称“剑是通往天堂和地狱的钥匙”，这位先知只不过是日本人情感的反响。少年武士很小时候就学习举刀挥舞。到了5岁时，他要衣着整套武士盛装，置身一张围棋棋盘[①]，初次将一柄真刀而不是平日玩耍的玩具短刀插入刀鞘，开始了解武士生涯的权利，这是非常重要的仪式。这首次“受封仪式”以后，刀成为他身份的标志，任何时候在他家门外看见他，他都佩带着刀——不过平时是一柄用作替代品的镀银木刀——过不了几年，他就把替代品扔在一边，佩带上虽钝重但却是钢质

① 围棋有时被称为日本跳棋，不过它比西洋棋更复杂。围棋棋盘有361格方格，人们认为它代表战场——游戏的目的是尽可能占据更多空间。——作者

的真刀。他怀着比新刀刃更强劲的喜悦走出家门，对着树木或石块小试锋芒。当15岁成人之际，他被赋予自由行动的权利，就能够以拥有锋利得足以胜任任何任务的刀而自豪了。拥有了这样的凶器，这使他充满自尊和责任感。“其不枉佩刀”，他腰带上所悬挂的是他思想心智所系东西——忠诚与荣誉的象征。那两把刀，一长一短——分别叫做佩刀和小刀，或腰刀和短刀——从不离他身侧。在家的时候，它们悬挂在书房或厅室最瞩目的地方，夜晚则放在他伸手可及的枕旁。刀作为最忠实的伴侣而备受钟爱，武士甚至给自己的刀起个爱称，并给予膜拜。“历史之父”（希罗多德）曾记载过西徐安人向铁质弯刀献祭的奇闻；在日本，许多寺庙和家庭珍藏刀剑，把它们作为膜拜的对象。就连最普通的短刀也受到尊敬，任何对它的冒犯都被视为对其主人的人身侵犯。如果有哪个冒失鬼，一不留神踩着放在地上的刀剑，那就自认倒霉吧！

日本武士刀形状的演变

三条宗近正在狐狸的帮助下打造小狐丸。这样的传说更为工匠的高超技艺增添了传奇的成分。三条宗近是日本平安朝时著名的刀匠，其名作“三日月宗近”被称为日本国宝，现藏于东京国立博物馆

如此珍贵的物品不会长久地逃过艺术家的注意和技艺，也摆脱不了刀的主人的虚荣心。尤其在和平年代，佩带刀，其用场只是像主教的权杖或国王的权笏。刀柄上裹着鲨鱼皮和精致丝绸，护手上镶嵌着金银，刀鞘上涂上各色的漆料，这件最可怕的凶器便失去一半的威慑力。当然，这些附件与刀身相比，只是玩具式的陪衬而已。

铸刀匠不仅仅是工匠，而且是富有灵感的艺术家，他的工场就是他的殿堂。每天开始工作之前，他都要斋戒祈祷。更确切地说，就是“他以灵魂和精神铸炼钢铁”。每一次抡锤，每一次淬火，每一次在砂石上打磨，都是不可怠慢的神圣仪式。莫非大师的灵魂或是他的守护神在刀剑上施了魔法？这样锻出的刀剑是完美的艺术品，使那些托莱多刀和大马士革刀等名刀相形见

工匠正在打制刀具 版画 绘于江户时代

绌。武士刀带来的当然不仅仅是艺术，冰冷的刀锋可以瞬间吸收大气中的水蒸气；钢质纯净，泛出青光；这是无与伦比的刀刃，它凝聚着过去和将来；弯弓似的刀背，凝聚着至勇至雅的品质——这些品质令我们充满力与美、敬与畏的情愫。如果它只是件美丽而令人愉悦的玩物，那么它是无害的。但是，它总是被放在伸手可及处，所以这诱惑人滥用它，所以，刀锋频繁地从宁静的刀鞘中一闪而出。有时候它被过分滥用，最极致的滥用，是一些武士会用无辜生命的脖颈来试验新到手的钢刀是否锋利。

不过，我们最关心的问题是——武士道允许随随便便滥用这种武器吗？回答毫不含糊：不！武士道着重强调的是如何正确使用，而非滥用武器。不问场合就轻易挥舞刀剑的人，不是出于懦弱就是因为心虚。泰然自处者知道用刀的恰当时机，必须出刀的时刻极少。让我们看看已故胜海舟伯爵怎么说吧。伯爵经历过我们历史上最动荡的一段时期，当时行刺、自杀及其他血腥行为大兴其道。那时，他被委以近乎独裁的权力，所以一再成为暗杀对象，而他从未以鲜血玷污他的刀。他跟一位朋友回忆往事时，以其特有的平易口吻说：“我极不喜欢杀人，我放走那些本应该砍头的人，所以我一个人也没杀过。一天一个朋友对我说：‘你杀得不够。你不是也吃南瓜、茄子吗？杀那些人就像吃南瓜、茄子一样！’可是你看，说这话的家伙自己却被人暗杀了。我能逃过劫难很可能就是因为我讨厌杀人。我的刀柄和刀鞘总是系得紧紧的，很难拔出。我立下决心：就算他们杀

胜海舟像

胜海舟是日本幕末时期的开明政治家，幕府海军负责人。他对推动日本的现代化改革作出了杰出贡献

胜海舟的爱刀忠吉

了我，我也不杀人。把这些人视做臭虫、蚊子，它们咬人——它们咬一下又算什么？不过是有点痒痒而已，不会危及性命。”这些话出自一位在逆境与成功的熔炉中久经考验的武士之口。有句广为流传的话——“失败即是胜利”，指的是真正的征服并不因贸然反抗狂暴的敌人而得；还有“最好的胜利是不流血的”，还有其他一些含义相近的谚语，这些归根结底都表明，武士道精神的最高境界是和平。

这个最高境境却让僧侣和道德家们去宣讲了，而武士则埋头操练、颂扬武行，这是很遗憾的事。这样一来，他们竟使女子的理想也带上了亚马逊悍妇的色彩。在此，我们借机拿出一些篇幅来谈谈妇道及妇女地位问题。

第十四章

妇道及妇女的地位

我们人类的女性那一半，有时被视为是自相矛盾的典范，因为她们头脑往往凭直觉工作，其能力远在男性的“算术理解力”之上。表示“神奇的”、“不可知的”含义的汉字“妙”，由两部分组成，一边意为“年轻”，另一边意为“女子”，因为女性身体的魅力与思想的纤细，不是男性的粗犷心理所能解释清楚的。

然而，在武士道中理想的女性极少有神秘之处，即使自相矛盾也只是表面上的。我前文提过，那只是亚马逊悍妇式的强壮，但这不过是真理的一半。表示“妻子”之意的汉字“妇”，意味着一个女子持一把扫帚——当然不是为了挥舞着进攻或防卫她的婚姻，也不是为了施展魔法，仅仅是为了发挥出笤帚被发明出来的原始用途——当然是无害的，它涉及的观念并不比英文妻子（词源是“织布者”）和女儿（词源是“挤奶女工”）的词源意义更不寻常。不像现任德意志皇帝凯瑟说的要把妇女的活动范围局限于Küche（厨房）、Kirche（教堂）、Kinder（孩子），武士道

加贺之国千代女

歌川国芳绘

挥舞薙刀的石女

歌川国芳绘

的理想妇女是绝对围绕家庭的。正如我们所见，这看似矛盾——家庭生活和亚马逊悍妇式的品质——可是在武士道中并不相悖。下面我们就论证一下。

武士道主要是为男性制定的教义，它所珍视的女性美德自然是远远脱离女性的。温克尔曼指出，“古希腊艺术至上之美，与其说是女性的，不如说是男性的”。莱基补充说，这不仅适用于艺术，也适用于古希腊人的道德观念。同样，武士道非常称颂那些“将自己从自身性别的柔弱中解放出来并且展示男性般至强至勇的英雄坚韧”[①]的女性。因此，年轻姑娘受到的训诫是克制她们的感情，令她们的神经强韧，并且运用武器——特别是薙刀在困境中维护自己的尊严。但是训练这种性格的主要目的不是为了到战场上使用，它的目的是双重的——既为个人也为家庭。妇女没有自己的主公，而是成为自己身体的卫士。妇女利用她的武器，怀着像她丈

① 莱基:《欧洲道德史》第二卷，383页。——作者

夫保卫主公那样的热情保卫自己的安全。她的武艺在家庭中的用途主要是在对儿子的教育上，下面我们就要提到。

女子的刀术及其他武艺，假如说很不实用的话，但有助于女子在习惯久坐时保持平衡。不过，这些训练不光是以健康的目的而进行练习的，它们也可以备不时之需。当姑娘们步入成年时会被授予短刀（怀剑），用短刀可以直刺侵犯者的胸膛，或者，在必要的情况下刺向她们自己。经常发生的情况是后一种，在此我不想严厉评判她们。即使是将自焚视为恐怖的、反对自杀的基督教徒，看到裴拉吉亚和多米妮娜这两位因纯洁和信仰被奉为圣人的自杀者，也不会对她们过于苛刻。当一位日本处女发现自己的贞节遭受威胁，她不会等待父亲的匕首，她自己的武器总是放在胸前。在她必须行使自杀之时却不知道正确方式，于她是一种耻辱。尽管她几乎未受过解剖学教育，但她却必须知道切喉的准确部位；她必须知道怎样将她的下肢用皮带束起来，以便不管死亡过程如何痛苦，她的尸体被发现时仍是极其端庄、摆放得体的。类似这样的谨慎，难道不能和基督徒裴比图亚或是童贞女科妮莉娅相媲美吗？要不是因为一些人对我们的沐浴习惯和其他一些琐事抱有偏见，认为我们不懂得贞节，我也不会很快提这个疑问。[①]

事实恰恰相反，贞节是武士女人的突出美德，是被置于生命之上的。一位年轻女子被俘了，眼见自己在粗野士兵手下将

① 要了解关于裸体和沐浴的合理解释，参见芬克著《日本的莲花时节》，286—297 页。

——作者

准备自刎的女子事先将双腿捆绑起来，以保庄重

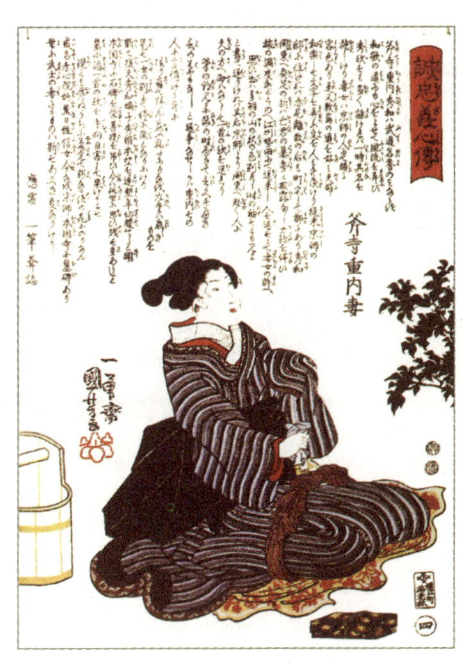

织田信长的妹妹织田市

有面临暴行的危险，她请求给她因战乱离散的姐妹写封短信，之后就将满足他们的欢欲。书信写完后，她会冲到最近的井边，以投井来维护她的名誉。她留下的书信会以这类诗行结束：

前路层云黯淡，
不愿经历此番，
新月高挂在天
飞速投身山峦。

给读者留下只有具备男性气质才是我国女性的最高理想的观念，不免有失偏颇。事实远非如此！她们还需要具备艺术和优雅生活的才能，她们不能忽视音乐、舞蹈和文学。我们文学中最美的若干部分就是女性情感的表达；事实上，女性在日本纯文学史上扮演了非常重要的角色。学习舞蹈（我指的是武士的妻女，不是指艺伎）仅仅是为了消除她们行动中的生硬棱角，使动作轻柔起来。音乐是为了在父亲和丈夫疲惫之时带来愉悦，所以，学习音乐不是为了掌握技巧、艺术之类，最终目的是净化心灵。因为，表演者的心灵不平静，音乐也达不到和谐。我们前面谈到年轻人的教育时，曾说技能对于道德价值而言是处于次要地位的，只需有足够的音乐和舞蹈为生活增添雅致和光彩，绝不是为了培养虚荣和骄奢。一位波斯王子在伦敦被领到舞会跳舞娱乐，他却率直地说，在他们国家，会准备一群姑娘专门跳舞为人们表演。我真同情这位王子。

我国女性培养才能不是为了表演或扬名社会。那是一种家庭娱

舞女在为大名表演
宫川长春绘

乐，即使在社交晚会上得以展示，也只是尽到女主人的职责——换言之，这是表示家庭好客的款待的一部分。家庭生活指引着她们的学习。或许可以这么说，旧时日本妇女的才能，无论武艺还是文艺都主要是为了服务家庭；不管她们走得多远，她们从不让炉灶跑出自己的视线中心。她们做牛做马，辛苦劳作，奉献生命，保持家庭的荣誉和完整。她们以既坚毅又温柔、既勇敢又凄厉的音韵，日日夜夜为她们的小巢歌唱。作为女儿，她们为父亲牺牲自己；作为妻子，她们为丈夫牺牲自己；作为母亲，又要为儿子牺牲自己。因此，她从小就被教育要否定自己。她的一生不是独立的一生，而是附属性的。作为男子的附属，如果她的出现对他有所帮助，她就陪他留在舞台上；如果她妨碍了他的工作，她就退居幕后。一个年轻人倾心于一位少女，少女以同样的热情回报他的爱意，但是，当她意识到他对自己的迷恋令他忘却他的责任之时，她就毁伤自身丽质以消除自己的魅力。这种情形并不少见。武士少女心目中理想的妻子——发现自己被一位阴谋暗害她丈夫的男子所爱，她会假意参与那男子的阴谋，同时设法暗中与丈夫换过位置，那位情人刺客的刀

在伊势的海边制作鲍鱼的渔家女子们

便落在她忠贞于丈夫的头颅上。以下书信是一位年轻的大名的妻子自尽之前所写的，这封信大概不需要做什么解释吧：

“我听说，没有什么意外变化或机缘能改变现实，一切都随造化。连理共枝或是同饮一江水，是前世注定。自从我们永结同心，已有两年，我的心如影随形追随于你，与你心心相系不可分离。然而近日听说，你需要与爱人告别以迎接一场生死恶战。我听说中国古代伟大的勇士项羽，不舍与心爱的虞姬告别，而战役失败。同样，木曾义仲事业罹难，却怯于与妻子巴殿离别。为什么我——活着已经不能给你希望或欢乐的人——为什么我还要苟且偷生，成为你的羁绊？为什么我不能在所有凡人终将踏上的黄泉路等你？请你永远不要忘记我们的主公秀赖曾给你的种种好处，永远不要忘了他的恩德如海深，如山高。”

女子为丈夫、家庭和家族的利益牺牲自己，是出于自

愿、出于荣誉，这就像男子为藩主和国家的利益而牺牲自己。不舍弃自我，就无法解开生命之谜，这是女子的家庭性的基调——就如男子对主公的忠义。她不是丈夫的奴隶，就像她的丈夫也不是君主的奴隶，她所扮演的角色被称为“内助”，她站在逐级奉献的阶梯上，她为男子牺牲自己，男子为君主牺牲自己，而君主服从天命。我知道这种教诲的弱点，也知道基督教义的优势表现在它要求每一人都直接对造物主负责。尽管如此，就服务的教义而言，就是牺牲自己奉献于高于自我的一项事业。这里我所说的服务的教义，是基督的教导中最崇高的、也是构成它使命基础的神圣要义——由此而言，武士道是基于永恒真理之上的。

读者该不会指责我对奴隶般屈从于意志力有过分的偏好吧？我大体接受黑格尔以其学识广博的、深远的思想提出并捍卫的观点：历史就是自由逐渐发展和最终实现的过程。我想指出的是，武士道的全部教义彻彻底底充满了自

巴御前

巴御前是木曾义仲之妻，被称为“日本第一美女”，且精通武术，一直和丈夫并肩作战。源赖朝起兵征讨义仲，义仲战败，不忍巴与其同死，令其自行突围。巴恳求为义仲再战一场，遂手刃敌将土御师重，突围而去

芦屋滩边煮盐忙
选自《风流锦绘伊势物语》
胜川春章绘

我牺牲精神，以致不仅要求女子具有自我牺牲精神，还要求男子具有自我牺牲精神。因此，除非完全摒弃武士道基本准则的影响，我们的社会将不会实施那位美国女权主义倡导者草率表述的观点，她曾呼吁：“日本所有女人们站起来，反抗古老的传统吧！”这样的反抗能成功吗？会改善女子地位吗？她们将失去传承至今的甜美性格、温柔举止，她们通过速决方式获取的权利会补偿她们的这种损失吗？古罗马主妇丧失家庭性之后，随之而来的是道德的败坏，这样巨大的损失能不值得关注吗？这位美国女改革家能向我们保证，我国女子的反抗是历史发展的必经之路吗？这些都是严肃的问题。改变必定会实现，但不能通过反抗和起义的方法。现在，我们来看看武士道制度下的女性地位是否糟糕到非来一场起义不可。

我们听到很多欧洲骑士向“上帝和女士们”敬致的溢美之词——“上帝和女士们”这两个用词的不相称曾使吉朋为之脸红；哈莱姆也告诉我们，骑士精神的道德观是粗陋的，它对妇女的过分殷勤暗示着不正当的爱情。骑士精神对那个弱势性别的影响，为哲学家们提供了思维的营养。M. 基左先生主张，封建制度和骑士精神带给道德有益的影响，而斯宾塞先生却告诉我们，在一个尚武的社会（如不尚武又是什么封建社会？）妇女地位必然是低下的，只有当社会更为工业化才会改善。对目前的日本，是 M. 基左的理论适用呢，还是斯宾塞先生的理论适用？我的回答可以断言：两者都对。日本的军人阶层仅限于武士群体，包括将近 200 万人。在他们之上是军事贵族大名和宫廷贵族公卿——这些更高层更骄奢的贵族仅仅是名义上的军人。他们之下是众多平民——工、商、农——这些人的生活是专门从事和平业务。因此，赫伯特·斯宾塞所述的一个军事型社会的特征也许只限于武士阶层，而工业型社会的特征适用于这个阶层之上和之下。这正好可以对女子的地位进行解释，因为在武士中，妇女享有最少的自由。奇怪的是，社会地位越低——比如，在小手工业者中——丈夫和妻子的地位越平等。在更高身份的贵族中也一样，不同性别之间的差异并不明显，主要原因是闲适贵族气质已变得女性化了，于是很少场合需要将性别差异置于显著地位。因此，斯宾塞的论断在旧日本有充分的例证。至于基左的理论，读过他写的关于封建社会报告的读者会记得，他着重考虑的是高层贵族，因而他的结论适用于大名和公卿。

假如我的话使人们对武士道下的妇女地位评价过低，那我就会对历史犯下不公平的罪责。我毫不犹豫地认为：女子并没有得到与男子平等的待遇，但是，除非我们学会分辨差别与不平等之间的不同，否则会对这个问题一直产

《武藏野》
小林古径绘

生误解。

当我们想到男人之间只在区区几个方面是平等的，比如，法庭上或者选举投票时，那么，进行一场关于男女平等的辩论就只是徒劳的自我烦扰了。《美国独立宣言》称人人生而平等，并未言明这是指精神上或躯体上的能力，它只是重申了乌尔比安所宣称的法律面前人人平等罢了。假如法律是一个社会用以衡量女性地位的唯一标尺，那将很容易看出她的地位如何，这就像以多少磅多少盎司称量体重一样简单。可问题是：是否存在一个正确的标准来衡量男女之间相对的社会地位？银的价值同金的价值比照，可以得出数字比率，像这样去比照女子和男子的地位，是否正确，是否充分？这种计算式的方法排除考虑了一个人所拥有的最重要的价值，即内在本质。为了使男女完成各自在世间的使命，必然会有多方面的要求，鉴于此，衡量各自地位所采取的标准必定是具有综合性质的。或许可以借

雪中仕女图

歌川国芳绘

家庭是女人们生活的中心，日常的欢愉也局限于家庭聚会

助经济学语言来说明，那必定是复本位的，武士道具有自己的标准，它的标准是双本位的，它竭力测算女子在战场、在炉台边两边的价值。女子在前者得到的评价很少，在后者却是完善的。对应这种双重标准，她也得到相应待遇：在社会政治方面不太多，但是作为妻子和母亲，她受到最高的礼遇，得到最深的爱。在军事国家里，比如古罗马，为什么主妇深受尊敬？难道不是因为她们是母亲吗？古罗马男子在她们面前躬身，不是因为她们是战士或立法者，而是因为她们是母亲。我们也一样。当父亲和丈夫离家走向田间或军营时，一切家事的治理全部掌握在母亲和妻子手中。男人把对下一代的教育甚至包括对下一代的保护，都托付给了她们。女子的军事训练，之前我已提及，其中主要目的就是使她们能明智地指导、教育孩子。

我注意到，在一知半解的外国人中流传着一种肤浅的观点——因

女孩们相互帮助，去摘取院墙上的枝花。她们的生长环境和男孩完全不同

为日语里一般称自己的妻子为“拙荆”，诸如此类，外国人于是认为她受到轻视、不被尊敬。如果告诉外国人，日语中还有类似“愚父”、“犬子”、“拙己”等谦辞，也都是日常使用，那么，结论不就很清楚了吗？

在我看来，我们对婚姻结合的观念在某些方面比所谓的基督教观念更为深刻。“男女应合为一体。”盎格鲁－撒克逊人的个人主义不能消除丈夫和妻子是两个人的观念，因此，当他们产生分歧时，他们就承认各自的权利，而当他们和和睦睦时，他们用尽一切言辞想出各种昵称和甜言蜜语。如果丈夫或妻子向第三方说到自己的另一半——是好是坏且不论——用的语言为可爱啊、聪明啊、温柔啊如何如何的，我们听起来会觉得非常不理智。以“聪明的我”、“我的可爱的性情”诸如此类的话自我称赞，难道这是有品位的表现吗？我们认为称赞自己的妻子就是称赞自身，而我们把自我称赞至少看做是不够有品位的——我希望，这在基督教国家中也一样！因为有礼貌地贬抑自己的配偶，是武士中的惯例，所以，我才在这些枝节上花费笔墨。

条顿民族在他们部落生活之初对女性怀着近乎迷信的敬畏（尽管这在德国正逐渐消失），美国人在他们社会建立之初痛感女性数量的不足[①]（她们现有人数在增加，而我担心，她们正快速失去殖民时期的母亲们享有的特权），西方文明里，男子对女子的尊敬已成为衡量道德价值的主要标准。但是在武士道的尚武伦理中，善与恶的分水岭要在别的事上体现出来。它与职责并行，而职责将男子和他自身神圣的灵魂以及我在前文提到的五伦中的其他灵魂紧紧相连。五伦中，我们请读者注意的是忠诚——作为家臣的一个男子与作为领主的另一个男子之间的关系。其他方面，我只是略有涉及，因为这些并非武士道所特有。它们建立在自然情感基础之上，为人类所共有，虽然某些细节方面涉及武士道教导的影响可能特别强调。与此相关，我的论题是男子与男子之间的友谊所展现的罕有的力量和柔韧，这就给结盟为兄弟的关系增添了一份浪漫，这份浪漫无疑因为男女少年时授受不亲的缘故而变得更为强烈——那种相隔不允许男女有情感的自然交流，在日本少年男女的情感方面，西方骑士精神下的自然沟通或盎格鲁－撒克逊领土上的自由沟通都是不可能的。我可以用日本版达蒙和皮塞斯的故事或者阿基里斯和帕特罗克洛斯的故事充斥这本书，也可以在武士道精神中叙述不亚于大卫和约拿丹那样感人的友情。

然而，武士精神准则独具的美德和教义，并不局限于武士阶层，这不足为怪。这个事实使我们赶紧思考一下武士道带给整个国家的影响。

① 我指的是为了多少磅烟草交易，把姑娘们从英格兰运来成婚的那段时期。——作者

第十五章

武士道的影响

武士道的那些美德远远高于我们国民生活的一般水准，前文跃入我们视野的仅仅是武士美德山脉中一些比较显著的山峰而已。正如太阳升起时先将最高的群峰染红，然后徐徐向山底的峡谷撒下光芒，我们的伦理体系也是如此，先在武士阶层启蒙，最后为普通大众所追随。民主主义会树立一位天生王者成为领袖，而贵族政治则把王者的精神注入民众之中。美德的感染力并不亚于恶行的传染性。爱默生说："一个群体里只需要一位智者，所有人都会变得有智慧，这种感染就是如此迅速。"没有哪个社会阶级或等级能够抗拒道德影响的传播力量。

我们论及盎格鲁－撒克逊自由的胜利进程也许显得唠叨，它很少受到来自民众的促进力。这难道不能说是地主和绅士的事业吗？M. 丹纳所言极是："绅士这个词的三个音节（指英文gentleman）——正如英吉利海峡对岸所使用的那样，它概括了英国社会的历史。"民主主义可以自信地反驳这个观点，并抛出问题发问——"亚当耕种，夏娃纺线的时候，哪里有绅士？"这是令人遗憾的，因为伊甸园里一个绅士都没有！人类第一代父母因为伊甸园

富岳三十六景之神奈川冲浪里

葛饰北斋绘

没有绅士而苦恼，并为之付出高昂代价。假如伊甸园中有绅士，那个乐园的装饰不仅更具品位，他们也不必经历痛苦才知道违背耶和华就是不忠和不良，就是背叛和反抗。

日本的形成归功于武士。他们不仅是国民之花，也是国民之根。来自天国的一切典雅秉赋都经由他们传承下来。尽管武士的姿态远离民众，他们却为民众提出了道德标准并以自身为榜样引导着民众。我认为，武士道教义有高深的，也有浅显的；有内省的，也有求诸于外的；有的教义造福，谋求整体的利益和幸福；有的教义尚德，强调将美德付诸实践。

在欧洲骑士精神盛行之时，骑士的数量只占总人口的一小部分，但是，正如爱默生所说："英国文学里半数的戏剧和全部的小说，从菲利浦·锡德尼爵士到沃尔特·司各

英雄六家撰之一忠
歌川国芳绘

特爵士，无一不在描绘这个（绅士）形象。”将锡德尼和司各特的名字换作近松和马琴，那么您就大致掌握了日本文学史的主要特征。

日本民间有数不胜数的娱乐和教化渠道——戏剧、曲艺、评话、说唱、小说——都以武士故事为主题。茅屋里围着火塘的农夫，乐此不疲地重复着源义经和他忠实的家仆弁庆的故事，或者勇敢的曾我兄弟的故事；那些黑黝黝的小淘气们听得张大嘴巴，直到最后一根柴燃尽，余烬中火光熄灭，他们的心仍然因为听到的故事而燃烧不已。店员伙计们结束一天的工作，关上店铺的雨窗[①]，便凑在一起讲述织田信长和丰臣秀吉的故事，直到深夜睡意突然侵袭他们疲惫的双眼，他们忘却了柜台工作的枯燥劳苦，进入梦境的战场建立功勋。即便是刚刚学步的幼儿，也在大人的指点下，口齿不清地讲

① 窗户外层的窗板。——作者

着桃太郎勇敢制服吃人妖魔的惊险故事。甚至连姑娘们也是满怀对武士功勋和美德的爱慕之心，她们像黛丝德蒙娜一样，总是伸长耳朵细听武士的浪漫故事。

武士变成整个民族的“偶像”，民众唱歌赞颂道，“好花是樱花，好人是武士”。武士阶层被禁止从商，因而他们对商业没有直接帮助；但是，没有人类活动的哪个渠道、没有哪种思想方法不曾通过某种方式由武士道促进推动。日本的知识领域和道德领域，都是武士精神直接或间接的产物。

马尔罗克先生在他极具启发性的《贵族政治与进化》一书中，雄辩地论述道：“社会进化，不同于生物进化，可以定义为伟人意志的无意识结果。”继而说，历史进步，“不是一场社会普遍求生存的斗争（结果），而是社会上层少数人采取最佳方式领导、指引、动员大众的一场斗争的结果”。不论他的论点是否正确，由我们日本帝国的社会进步来看，

弁庆和义经的初遇

歌川国芳绘

源义经是源赖朝的弟弟，在源平之战中屡出奇谋，立下大功，赖朝恐其威胁自己的地位，在灭亡平氏后将其杀害。在后人的传说中，他被定义为“身负奇术的俊美少年”，并为他演绎出种种逃离了哥哥的追杀、从此浪迹天涯的传说

大芝居繁榮之圖
歌舞伎座

这些话已被武士所起的作用充分验证了。

在日本，存在着一个被称为“男达”的特定阶层，这个阶层可谓是民主制度的天生领袖，其发展也表明武士道精神是如何渗透社会所有阶层的。他们是坚定的男子汉，身上透出豪迈的力量。作为大众权利的代言人和保护人，他们各自拥有成百上千的追随者，如同有武士追随大名，这些追随者同样甘愿献出“肢体与生命、人身自由、私人财产及世俗名誉”，为他们服务。由一大批急躁莽撞的大众支持，这些天生的首领对武士阶层的专横构成了有力的监控力量。

在很多层面，武士道就像酵母那样由它发源的阶级逐渐渗透到大众，为全体国民建立起一个道德标准。这种武士准则，最初是精英阶级的荣誉，之后成为整个国家的抱负和激励；虽然民众还不能达到那些崇高灵魂的道德高度，但是，“大和魂”最终成为这个岛国民族精神的表现。如果宗教像马修·阿诺德定义的那样，不过是“凭情感而触动到的道德”，那么很少有伦理体系比武士道更适合列入宗教

中村座戏剧图

奥村政信绘

了。本居宣长吟咏道：

> 天佑日本之岛！
> 若异乡人探究何为大和精神，
> 那是晨光中香飘山野的樱花！

这诗句，说出了国民未曾说出口的心里话。

诚然，很长时间以来，樱花是我国国民最喜爱的花，也是我们国民性的象征。尤其请注意“那是晨光中香飘山野的樱花”，诗人运用了形象鲜明的词句。

“大和魂”不是人工培植的柔弱的植物，而是自然意义的野生植物；它在这片土地上土生土长，它的偶然属性也许和其他国土的花朵相同，可在本质上它仍是我国气候下本土自行生成的产物。然而，樱花的产地并非是我们偏爱它的唯一原因。它的精致和优雅唤起我们的美感，这是其他花朵无法相比的。我们无法认同欧洲人对玫瑰的仰慕，因为玫瑰缺乏我们樱花的单纯。再者，玫瑰甜美之下隐藏利刺，她对生命紧抓不放，仿佛憎恶或惧怕死亡，宁愿顽固执着地枯萎枝头，也不愿过早凋落，她还有绚丽的色彩及浓郁的香气——所有这些特征都

樱花给人以优雅、娴静之感

日本的国花——樱花

与我们的花不同。樱花在它的美丽之下不携藏匕首或毒药，并随时准备听从自然的召唤告别生命，它的颜色从不张扬，它的香气淡淡宜人。色彩和外形的美不过分彰显，它是内在的特定品质，香气缥缈脱俗，犹如生命的气息。因此，在所有宗教仪式中，香和没药总是扮着重要角色，在香气里有某种属于灵魂的东西。当樱花的宜人芳香给清晨的空气带来生机，当冉冉升起的太阳最先照射到远东的岛屿，很少有比吸入美好一天的气息更心旷神怡的感觉了。

如果了解了造物主自己闻到芳香时内心做出了新的决定的故事(《创世记》八之21)，那么还会惊讶于樱花盛开、芳香飘溢的季节能吸引全体国民走出他们狭小的住所吗？假如他们的手脚一时忘却了劳作，他们的心灵一时忘却了痛苦和悲伤，请不要责备他们。当短暂的欢乐结束，他们会以新的力量、新的决心回到日常工作中。因此，樱花之所以成为我们的国花，其原因是一言难尽的。

那么，如此甜美易逝、随风飘零的一种花，撒落一阵清香便准备永久消失的这种花，就是大和魂的典型形象吗？日本之魂的生命力就是如此脆弱易逝吗？

第十六章

武士道尚存？

西方文明在我们国土上推进的过程中，是否已经彻底抹去了我们古老的思想训练的痕迹？

假如一个国家的灵魂能够死得如此之快，那真是件可悲的事。灵魂假如如此轻易地屈从于外部影响，那也是可怜的灵魂。

构成国民性的心理因素的总体是坚固的，就像“鱼类的鳍，鸟类的喙，食肉动物的牙齿，与其种属不可分离的要素”那样。勒朋先生在他满是肤浅断言和华丽概括的近作[1]中说：“源于知识的发现是人类共有的遗产；性格的长处或短处构成了每个民族独有的遗产：它们就像坚硬的岩石，日复一日，即使世世代代经历水的冲刷，也不过是磨去了外部的棱角。”这话言词激烈，然而，假如每个民族独有遗产均构成于性格的长处和短处，那么这话也值得深思。早在勒朋开始写这本书之前，已经有人提出此类概括性理论，而且早已被西奥多·魏茨和休·穆瑞推翻了。当我们研究武士道培育的多种美德之时，我们曾引用欧洲的一些

① 《民族心理学》，33页。——作者

资料进行比较并举例说明，我们没有发现哪种性格特质是武士道的独有遗产。诚然，道德的各个特质的总和呈现出非常独特的面貌，这是千真万确的。这种总和被爱默生称做“所有伟大的力量作为要素参与进来的、综合产生的结果”。但是，这位康科德的哲学家并不像勒朋那样把这作为一个种族或民族独有的遗产，而是把它称做“联结每一个国家最强者，使他们互相理解达成一致的要素；它是如此明确以至于即使一个人不使用共济会式的暗号，也会被立刻识别出来”。

虽然不能说武士道在我们国家尤其在武士身上留下的印记形成了“种属不可分离的要素”，但说到武士们从此保有活力却是毋庸置疑的。假如武士道仅仅是一种物理力量，那么过去700年间它取得的动力不可能戛然而止。假如它

开到日本的南蛮船

“南蛮”本是日本人对东南亚一带人的称呼，后来也将由好望角、菲律宾群岛乘船而来的葡萄牙、西班牙、意大利等国人称为“南蛮”。1543年，一次台风的袭击使日本第一次接触到了“南蛮文化”，天主教也逐渐传入。日本由此开始了和西方文明的接触

仅仅是通过遗传继承传播的，那么（过去700年间）它的影响必定十分广泛。试想，像法国经济学家M.谢松计算的那样，按一个世纪三代计，“我们每个人血管里至少流淌着2000万生活在公元1000年的人的血液”。卑微的农民“背负几世纪的重荷弯下了腰”，他们挖土翻地，他们的血管里流着古老的血液，正如他和牛是兄弟一样，他和我们也是兄弟。

武士道是一种不自觉的并且不可阻挡的力量，一直推动着国家和个人前进。新日本最杰出的先驱之一吉田松阴，在他被处决的前夜写了以下诗行，成为这个民族的真实自白：

我明知此番事业必以死亡为终点；
是大和精神驱策我挑战命运。

虽然没有具体形式，武士道过去是、现在仍是我们国家最活跃的精神和驱动力。

兰森先生说：“当今有三个截然不同的日本并存——旧日本，还没有完全消失；新日本，尚未出生，但精神初具雏形；转型期的日本，正经历着最严峻的困境。”这话在许多方面是合适的，尤其是有形、具体的机构设置方面，但是应用到基本伦理观念上，这个观点就需要有所修改；作为旧日本的缔造者和产物，武

吉田松阴像

吉田松阴是日本幕末时期的著名志士，积极学习西方，完成日本社会改革，是桂小五郎、高杉晋作、伊藤博文等人的老师。1859年被幕府杀害

士道仍然是转型期的指导准则，并将被证明为还是塑造新时代的决定力量。

伟大的政治家们为我们的国家之船掌舵，引领着我们经过复辟的飓风和国家维新的漩涡，他们除了武士道之外不知道别的道德教义。近来一些作家[①]竭力证明基督教传教士对新日本的诞生作出了值得重视的贡献。我认为荣誉应归于应得荣誉之人，但是这项荣誉的确很难给予那些善良的传教士。与其提出一个没有证据证实的论断，不如恪守《圣经》训诫将荣誉归于他人，这样更符合他们的职责。就我自己而言，我相信基督教传教士正为日本做着了不起的事业——在教育领域，尤其是道德教育方面——只是，上帝的行为虽然确实很神秘，但仍藏于神圣的秘密中，其所为是间接的。或者说，迄今为止基督教传教在塑造新日本特征方面发挥的作用甚少，几乎看不到作用。无论何种困境，推动我们前行的是纯洁而简单的武士道。翻开新日本缔造者的传记，如佐久间象

① 皮尔：《亚洲的传教与政治》，第四讲，189—192页；丹尼斯：《基督教传教和社会进步》，第一卷，32页，第二卷，70页，等等。——作者

被奉为「军神」的楠木正成

山、西乡隆盛、大久保利通、木户孝允等，包括当今在世的杰出人物的回忆录，比如伊藤博文、大隈重信、板垣退助，你就会发现他们的所思所行乃是受到了武士道的激励。亨利·诺曼对远东地区进行研究和观察之后宣称，日本不同于其他东方专制主义的唯一一面在于“人类有史以来创制的最严谨、最崇高、最细致的荣誉信条，在她的人民之中有决定性的影响力”。他的话触及到了新日本之所以形成，以及她将完成的未来命运的原动力。[1]

① 《远东》，375 页。——作者

日本的转型是举世皆知的事实。如此大规模的事业，自然有众多不同的动力参与进来，可是如果要指明其中的主导力量，人们会毫不犹豫地说是武士道。当我们整个国家开放对外贸易时，当我们将最新的改革引进生活的每个方面时，当我们开始学习西方政治和科学时，我

洋装妇女像

图中所画的女子本是一名武士的女儿，后来成为了一名诸侯的侧室。在乘船环绕日本时她遇到了海难，被美国人救起后去了夏威夷，在那里她系统地学习了西方文化，并到美国做了一名女教师。西方文化的传入使得日本女性开始走出家庭而开拓了更多生活领域

们的指导性动力并不是物质资源的开发和财富的增长，更不是对西方习俗的盲目模仿。

汤森先生对东方的制度和人民进行了仔细观察，他写道："每天都有人告诉我们欧洲如何影响着日本，我们却忘记了那些岛屿上的变化完全是自发的，忘记了欧洲人并没有教日本，而是日本她自己选择了向欧洲学习民用的、军事的组织方法，并且事实表明她是成功的。就像几年前土耳其人从欧洲进口了大炮，日本从欧洲输入国内机械科学，但确切地说，这些还谈不上是欧洲对日本的影响。"汤森先生继续写道："除非我们说英国从中国购进茶叶，便是受了中国的影响。"他还问道："那些重塑了日本的欧洲先驱或是哲学家或是政治家或是宣传家，都在哪里呢？"[①]

汤森先生充分注意到使日本发生变革的原动力，完全存在于我们日本自身；如果他再深入探究我们的心理的话，他那敏锐的观察力会很容易使他确信这股源泉不是别的，正是武士道。那种无法容忍被污蔑为劣等民族的荣誉感——这就是最强的推动力。关于在转型过程中增货殖兴等工业方面的考虑，是在改革的后期才觉察到的。

武士道的影响在今天依然显著，随处一看就有所发现。看一眼日本人的生活，自会明了。读一读赫恩[②]的作品，他是对日本人思想最具说服力、最真实的阐释者，你会发现他所描写的内心实践都是武士道活动的例证。人民普遍注重礼节，就是武士道的遗风，这已众所周知，无须赘述。"矮小的日本人"全身充满耐力、坚忍和勇气，在中日甲午战争里得到充分验证。[③]许多人会问："还有比武士道更忠诚、更爱

① 斯·汤森：《亚洲和欧洲》，28 页。——作者

② 即小泉八云。——译者

③ 关于这个话题的其他著作，参阅伊斯特雷克（Eastlake）和山田所著《英雄日本》及迪奥希（Diosy）所著《新远东》。——作者

国的吗？”“没有。它举世无双！”能这么自豪地回答，我们必须感谢武士道。

另一方面，应该客观地承认，我们国民性格的错误和缺点，很大程度上也得由武士道负责。我们缺乏深邃的哲学，尽管我们的一些年轻人在科学研究领域已获得国际声誉，可尚无一人在哲学领域取得任何成绩，这可以追溯到武士道教育方法之下忽略了形而上学的训练。我们过于敏感易怒，这也该由武士道过分的荣誉感负责。假如我们有些人被外国人指责为自负，那也是由于荣誉心过度的病态结果。

你在日本旅行时，会见到很多青年，他们留着乱蓬蓬的头发，身着寒酸的制服，手持大手杖或一本书，带着一副对尘世间置若罔闻的神情在街上大步穿行。那就是“书生”，在他们而言，地球太小，天不够高。他有着自己的宇宙观和人生观。他身居空中楼阁，以缥缈幽率的智慧语言为食。他的眼中透射出功名之火，他的心中渴望着知识。

日本的转型时期，不同的生活形态同时存在着。一方面人们仍保留着固有的传统，另一方面，西方文化的入侵使得人们从衣着、礼仪、建筑和价值观等各个方面有了更多改变。东、西文化在此时发生着强烈的交互碰撞

贫困仅仅是激励他前行的动力，世俗财产在他眼里是品格的枷锁。他是忠诚和爱国精神的宝库，是自封的国家荣誉的卫士。列出他所有美德和缺陷，可见他就是武士道最后的孑遗。

武士道的影响至今依旧根深蒂固，但正如前文我所说的，它的影响是潜移默化、无声无息的。国民的心对自己所继承的精神，虽然不问原因，却能对其任何召唤都作出回应。因此，同样一种道德观念，用新的翻译名词表述和旧的武士道名词表述，在效力方面非常不同。一个背弃了信仰的基督徒，牧师的劝说对他的堕落无济于事，而对他的忠诚——他曾经对主发誓要忠诚——的吁请，却能使他浪子回头、回心转意。“忠诚”一词可以唤起所有可能淡漠的崇高情感。一所学院里有群任性的年轻人，因为对某一位老师不满，于是参与了长期连续的“罢课”，院长问了两个简单的问题后，这群学生随即散去——“你们的教授是个值得尊敬的人吗？如果是，你们就应该尊敬他，把他留在学校。他是个懦弱的人吗？如果是，推一个正倒下的人，更不是男子汉所为！”这位教师在科学方面能力的不足是此次罢课的原因，但它与校长所暗示的道德问题相比，就变得微不足道了。通过唤醒武士道所培育出的感情，伟大的道德维新就这样完成了。

在日本，基督教传教工作失败的一个原因是，传教士大多完全忽视了我们的历史——有人会说：“我们在乎异教徒的历史干什么？”——结果，他们的宗教背离了过去几个世纪我们和我们的祖先所继承的思想习惯。嘲弄一个国家的历史吗？——似乎任何民族的经历，甚至毫无记载的最低等的非洲奴隶的历史，也都是上帝之手亲自书写的，是属于全人类历史的一页。即便已经消失的民族，也在期待着一双慧眼从古老的书卷中去辨识。对于有哲学思想且又虔诚的心灵而言，各个人种都是上帝在体肤上用黑色和白色留下的清晰符号。如

绘于江户时代的日本地图和世界地图

果这个比喻恰当，那么黄色人种就是以金色象形文字镌刻于历史的宝贵的一页！传教士忽视一个民族的历史，声称基督教是新的宗教，在我看来，基督教乃是“古而又古的故事”，如果以通俗易懂的话来表达——也就是说用一个民族在其道德发展过程中最熟悉的词汇来表达——那么，无论哪个种族或国籍，基督教都会很容易在人们心里找到寄居之处。美国式基督教或英国式基督教——与创始者耶稣的恩宠和纯粹相比，包含了更多的盎格鲁－撒克逊式的恣意妄想——这是嫁接于武士道枝干上的脆弱幼枝。难道这种新信仰的宣传者应该连根拔除整个主干、根部和枝蔓，在荒废的土壤中播种福音的种子吗？这种英勇的做法——也许在夏威夷可行吧，据称那里的教会激进分子只在积累财富、战利品以及消灭土著居民方面大获全胜。但这样的进程在日本却绝不可能——绝对不能，这进程即使是耶稣本人在人世间建立自己的王国的过程中，也永远不会采用。

以下这段话我们应该牢记在心，它出自圣贤般虔诚的基督徒乔伊特之口，他还是一位渊博的学者，他说：“人们将世界分为异教徒的世界和基督徒的世界，并不考虑此世

界也许隐藏着多少善或彼世界掺杂着多少恶。他们将自身最好的部分与邻人最坏的部分作比较，将基督教义的理想与古希腊或东方的败坏作比较。他们并非寻求公正，而是为满足于堆积一切能够说明自己宗教优点、一切能用以贬抑其他形式的宗教的事。”①

然而，虽然个人可能会犯下各种错误，但他们所信仰的宗教的基本信念，无疑是我们在考虑武士道的未来时必须考虑进去的一种力量。武士道的日子似乎已经屈指可数了，空气中弥漫着的不祥之兆预示着它的未来。不仅是迹象，还有各种令人畏惧的力量正在威胁着它。

① 乔伊特(Jowett)：《关于信仰和信条的布道》，第二卷，——作者

第十七章

武士道的未来

拿欧洲的骑士精神和日本的武士道进行历史对比，这该是难得的比较了。假如历史重演，那么降临在前者身上的命运将在后者身上再现。圣·帕拉耶给出的骑士精神衰败所涉及的地理性因素当然对日本的情况并不适用；不过，中世纪以及其后的时期，使得骑士和骑士精神逐渐削弱的更大的、更具一般意义的原因，肯定也正作用于正在衰落的武士道。

欧洲经验和日本经验的一个显著区别在于，在欧洲，当骑士精神从封建制度断奶而被教会收养时，骑士精神重新获得生机；在日本，却没有强大的宗教足以养育武士精神，因此，当母体——封建制度——消逝之时，武士道变成了遗留的孤儿，必须由自己去探寻生存。现行的精密的军事机构或许可以将武士道置于荫下庇护，但是我们知道，现代战争为武士道的持续成长几乎不能提供空间。神道，曾抚养过幼儿期的武士道，但如今神道也自身老朽。古代中国的白发圣贤正被边沁和弥尔之类的知识暴发户所取代。未加认真思考的道德理论应运而生，迎合着时代的沙文主义倾向，因而被看做更能适应当今需求；不过，我们现在也只是听到这些尖厉的声音在专事煽情的新闻专栏间响响而已。

封邑和权力等各种权威都摆开与武士道对抗的姿势。正如韦伯伦所说："真正意义上的工业阶级，他们中间礼仪规范的衰落——换句话说，即指生活的庸俗化——在所有多愁善感者的眼里，已经成为当代文明的祸害之一。"已然如此。民主主义的潮流难以抗拒，它不能容忍任何形式或形态的托拉斯——而武士道正是由那些垄断了知识、文化的储备资本，制定道德品质的等级和价值的人们组成的托拉斯——仅仅是民主就有足够强大的力量吞噬武士道的残余。现代的社会化的力量是反对阶级精神的，而武士精神正如弗里曼所严厉批判的那样，就是一种阶级精神。现代

日暮中的严岛神社

严岛神社被认为是日本国宝，名列"日本三景"之一，1996 年列为世界文化遗产

社会假如标榜为某种统一的话，就不能容忍那种“为了特权阶级的利益而制定的纯粹的个人性的义务”[①]。

此外，教育的普及，产业技术、文明、财富和城市化的发展——这些使我们很容易看出，无论是武士刀最锋利的击刺，还是武士道最勇猛的弓弩射出的最锐利的箭，都没有用武之地了。建筑于荣誉基石之上且靠荣誉巩固的国家——我们该称之为荣誉之国，还是该以卡莱尔的方式称之为英雄国家？——正快速陷入被毫无逻辑的谬论武装起来的喋喋不休的法律家和胡说八道的政治家之手。一位伟大思想家用来讲述特莱莎和安提贡的话语，也许可以在武士身上恰当地重现——“产生他们轰轰烈烈事迹的环境，已经永远消失了。”

可叹啊，武士的美德！可叹啊，武士的骄傲！以号角与鼓声进入人世间的道德，也有和欧洲的“军士们和国王们逝去了”相同的命运，注定要消逝。

如果历史能够给我们一些教导的话，那就是，建立在尚武美德之上的国家——不论是像斯巴达那样的城邦还是像古罗马那样的帝国——永远都不能在世上创造一个“持久的城市”。尽管人

① 《诺曼征服》，第五卷，482 页。——作者

1868 年底，明治天皇从京都迁往东京。此前一年，第十五代将军德川庆喜将政权归还天皇，结束了持续 260 多年的德川幕府的统治。1868 年，天皇改元明治，开始了标志日本结束封建制度而向资本主义现代化发展的明治维新

1872 年日本开通了第一条铁路（东京—横滨），铁路的开通使日本社会迅速向工业化迈进。图为 1900 年开通的高冈—伏木铁路

类的战斗本能是普遍的、自然的，尽管它被有效地证明可以产生高尚情感和男子汉美德，但它并不是人性的全部。因为，在战斗的本能之下，隐藏着一种更神圣的本能——爱。我们已经看到，神道、孟子以及王阳明都清楚地用它来进行教导；然而武士道以及所有其他尚武类型的伦理，无疑都专注于眼前的、解决实际需要的问题，结果将爱的本能这一事实忘记了。当今时代，生活变得更加宽广。今天需要我们关注的，是一种比战士更崇高更宽广的使命。随着人生观的扩展，随着民主的增长，随着对其他人民其他国家了解的加深，孔子的仁爱思想——或许我还可以加入佛教的慈悲思想？——将拓展到基督教的博爱思想。人们已不只是臣民，而是发展为公民；不，他们不只是公民——而是超越公民的人了。虽然战争的阴云密布在我们的地平线上，可我们相信和平天使的

明治三年（1870 年）的武士照片

1870 年，明治政府禁止庶民带刀；1871 年颁布散发脱刀令，要求国民散开丁髷（日本男子所梳的发髻），并规定除警察、军人及官僚身着礼服时之外禁止佩刀；1876 年，随着征兵制的推广，废刀令得到更彻底地执行。此后武士阶层逐渐瓦解

西乡隆盛（中），日本“维新三杰”之一。他深受传统武士教育，在维新后积极鼓吹对外侵略扩张，在遭大久保利通等人反对后，于1877年纠集因维新而失去特权的旧士族发动武装叛乱，是为维新后日本最大规模的一次内战——“西南战争”。同年，兵败身死

翅膀能够将它驱散。世界的历史会证实“柔和的人将继承大地”的预言。一个出卖和平这一须优先满足的本能权利、由工业主义的前沿倒退入侵略主义队伍的国民，完全是在做最差劲的买卖！

社会状况发展至此，非但不利于武士道，而且与之敌对，已经到了为武士道的光荣准备葬礼的时候了。如同难以确定它开始的确切时间，要指出骑士制度何时死亡也一样困难。米勒博士说，因法王亨利二世死于一场比武，骑士制度在1559年正式废除。于我们而言，1871年正式废除封建制度的法令，就是敲响武士道丧钟的信号。五年之后颁布的禁止佩带刀剑的法令，则是响亮地送走了旧有的、“生命的无价的恩典、国家的低廉的防卫、男子汉式的情操及英雄事业的保姆”，并响亮地迎来了“诡辩家、经济学家和谋略家”的新时代。

一直有人说，日本赢得最近同中国的战争靠的是村田枪和克虏伯炮；又说，这次胜利是现代学校制度在发挥作用。可是这些说法连半真半假都算不上。就像一架钢琴，即使

是用埃尔巴或斯坦威的上等工艺精良制作，如果不经大师之手弹奏，它本身能爆发出李斯特的狂想曲或是贝多芬的奏鸣曲吗？再说，假如枪炮是能打胜仗的东西，那么，为什么路易·波拿巴没能用他的密特拉尔兹机枪打败普鲁士人，为什么西班牙人没有用毛瑟枪打败仅靠老掉牙的雷明顿枪武装起来的菲律宾人呢？无须重复这些老话，应是精神带来了活力，没有它，最好的器具也无益。最先进的枪炮不会自动发射，最现代的教育制度不会使懦夫变为英雄，不会！在鸭绿江、在朝鲜和满洲里赢得战斗的是我们内心里祖先们的魂魄，是它们牵引我们的双手。这些英魂没有死，它们是我们骁勇的祖先的精神。对于那些心明眼亮的人们而言，这些灵魂是清晰可见的。揭开一个最具进步思想的日本人的外表，他骨子里显示的是一个武士的影子。正像克莱姆教授恰当表达的那样，荣誉、勇敢以及所有武德，这些伟大遗产“仅是我们托管的，是死者和将来的后代不可剥夺的领地”，而我们现在的使命是保护好这份遗产，不

木曾路之山川

歌川广重绘

要使古老的精神有丝毫减损；未来的使命则是拓宽它的领域，使其在生活中的各个行业和关系中得以应用。

有人预言，封建日本的道德体系会像它的城堡和兵器库一样，将倾颓并化作尘土——上半个世纪发生的事已经验证了这些预言；并预言，新伦理将如浴血凤凰般重生崛起，引领新日本走上进步之路。这样的预言当值得追求，实现它也是可能的，不过，我们不该忘记，凤凰只能从自己的灰烬中再生，还不该忘记，它不是迁徙的鸟，也不凭借从其他鸟类借来的翅膀飞翔。“天国就在你们中间。”它不是从多么高远的山上滚落下来的，它也不是从多么辽阔的海上航行而来的。《古兰经》说：“真主赐予每一个民族一位说着本族语言的先知。”天国的种子在日本人心中得到验证并受到认可，在武士道中开出花朵。悲哀的是，如今在武士道结出硕果之前，武士道却时日将尽——而我们向四方寻找别的美与光明、力量和慰藉之源，但尚未发现任何东西能取代它。

功利主义者和物质主义者的盈亏哲学在仅有半个灵魂的强词夺理者之中得到支持。唯一具有足够强大力量能应对功利主义和物质主义的其他伦理体系，就是基督教。我们必须承认，与基督教相比，武士道就像“一根火星微弱的灯芯”，这根灯芯，救世主宣称不要熄灭它，而是煽出火焰。像救世主的希伯来先驱，尤其是像以赛亚、耶利米、阿莫斯和哈巴库这些先知们那样，武士道也特别强调统治者、公职人员及国民的道德行为；而基督的伦理几乎都是关于个人以及基督徒个人的，所以随着个人主义在道德因素方面的影响力增长，基督的伦理将得到越来越多的实际应用。

肉笔画 无题

葛饰北斋绘

近江八景之三井晚钟

歌川广重绘

尼采所谓专横、独断的主人道德，在某些方面与武士道相似，但如果我没有太多误解的话，它是一种基于尼采的病态歪曲，是对于拿撒勒人的谦逊、自我否定和所谓的奴隶道德的过渡，或者说是一种暂时的反动。

基督教和物质主义（包括功利主义）——将来或许它们会被还原为希伯来主义和希腊主义这种更古老的形式？——将分治天下。较小的道德体系为了保持生存会和其中某一方联合吧。武士道将会加入哪一方？由于它没有起捍卫作用的固定教义和准则，作为一个整体很可能会消失，像樱花一样在清晨最早的一阵轻风中甘心死去。不过，它命中注定不会彻底灭绝——谁能说斯多葛主义已死？作为一种体系，它是死了；但是作为一种美德，它还活着：从生活的许多渠道仍然感受到它的精神和活力——在西方国家的哲学里、在所有文明世界的法律里都能找到。不会死，只要人们还在挣扎着超越自身，只要人们能凭借自己的努力使灵魂支配肉体，那么我们就会看到芝诺的不朽训导在发挥影响力。

武士道作为一个独立的伦理准则可能会消失，但是它的威力不会从世间逝去；它的武略或文德的教诲作为体系也可能被拆毁，但是它的光辉和它的光荣将越过废墟而长存。正如象征它的樱花一样，被四面来风吹散之后，依然用那芬芳丰富生命、祝福人世。百世之后，它的习俗也许将被埋葬，连它的名字也被忘怀，但它的香气还将从远方，从那“路旁凝望远眺”而目力不及的山上飘然而至——这时，就像那位贵格会诗人用美丽的诗句所吟唱的那样：

不知身旁芬芳何处飘来，
旅人怀着感恩的心，
停住脚步，脱下帽子，
接受来自空中的祝福。